Island

Island

Ein Reiselesebuch

herausgegeben
von Hans Joachim Kürtz

Ellert & Richter Verlag

Inhalt

Hans Joachim Kürtz

Wie kam der Regenwurm nach Surtsey oder: Merk-würdiges aus dem Island-Zettelkasten

Am Anfang steht ein Fragezeichen: Wie kam der Gemeine Regenwurm auf das feuergeborene, unbelebte Eiland 30 Kilometer vor Islands Südküste? Der Zahnlose Meersenf, die Austernpflanze und die Strandsalzmiere waren als erste pflanzliche Pioniere den Samen entsprossen, die Seevögel in ihrem Gefieder als blinde Passagiere vom Festland herüberbefördert hatten. Oder die ewigen Meereswellen hatten die Saat herbeigespült – wobei ein erstes, zartes Gänseblümchen seine nahesten Artgenossen im weit entfernten Schottland hatte. Die Zuckmücke sowie ein Wanderfalter aus der Familie der Ypsiloneulen hatten es als geübte Langstreckenflieger von Island her mit eigener Flügelkraft geschafft. Und die ersten Spinnen ließen sich, an ihren Altweibersommerfäden segelnd, vom Wind herbeiwehen.

Doch wie hatte es den *Lumbricus terrestris* in das noch gut geheizte Erdreich von Surtsey verschlagen? Diese Insel war 1963 urplötzlich aus den Tiefen des Atlantiks emporgestiegen, einem überdimensionierten Maulwurfshügel gleich, in einem tosenden, donnernden, explodierenden Inferno von Rauch, Dampf und Asche. Und wie am Anfang aller Weltentage ward diese neue Erde öd und leer, als sie da in Form von glühender Asche aus 125 Metern Wassertiefe ans Tageslicht kam. Dank der mehr als 1000 Grad Hitze während ihrer Geburtswehen war sie keimfrei sterilisiert.

Und so konnte die Wissenschaft hier erstmals in der Geschichte wie in einem riesigen Freiluftlabor mitverfolgen und mitzählen, wie Ökogenese abläuft – wie Fauna und Flora einen durch das Meer isolierten, biotischen Leerraum erobern und ihn zu einem artenreichen Lebensraum werden lassen. Wie sich dabei die wundersame Immigration des Regenwurms vollzog, bleibt ein Rätsel.

Ich jedenfalls war es nicht, der den *Lumbricus* auf die Vulkaninsel schmuggelte oder ihn mit einem Regenwurm-Ei unter der Schuhsohle einschleppte, als ich im Sommer 1967 meinen Fuß auf Surtsey setzen durfte. Zwar hatte man die neugeborene Insel zur wissenschaftlichen Sperrzone erklärt, damit keine Lebewesen oder Pflanzen unwissentlich eingeschleppt würden. Doch für eine Fernsehdokumentation hatte ich mich dort mit einer Sondererlaubnis einen halben Tag lang umsehen dürfen – in sterilisierten Gummistiefeln und im keimfreien Overall. Diese wenigen Stunden auf einem Stück Erdboden, das noch vier Jahre zuvor als Glutbrei im Erdinneren gewabert hatte, gehören zu den eindrucksvollsten Augenblicken in meinem Leben. Denn wann schon kommt man dem Schöpfungsgeschehen so nahe, wie ich es hier auf dem noch immer brodelnden, blubbernden, dampfenden Zipfel vor Island erleben durfte?

Ein anderer Griff in meinen isländischen Zettelkasten: Nein, natürlich glaube sie nicht an Elfen, Trolle und alle anderen unsichtbaren Wesen, also das Huldufólk, hatte Ellinore uns versichert. „Doch besser ist besser. Schließlich weiß man ja nie …“, hatte sie hinzugefügt. Zum Beispiel, ob da nicht doch eine Elfensippe ihre Heimstatt in dem überwucherten Haufen Lava im Gemüsegarten hat. Und da die Wesen aus der Anderwelt bekanntlich auf jede Störung nachtragend und tückisch reagieren, hatte man diesen Hügel seit alters her von allem menschlichen Werkeln verschont. Ausgerechnet den nun hatten wir als die günstigste Position für unsere Kamera ausgemacht, um den Bauernhof mitsamt Gletscherkappe ins Bild zu bekommen.

„Halt – überall, nur da nicht!“, hatte Ellinore uns kategorisch zurückgewiesen. „Nicht unsere Elfen stören!“

Wir drehten einen ZDF-Film über deutsche Frauen, die es bald nach Kriegsende auf die Insel verschlagen hatte, nachzulesen in meinem Beitrag „Der Archipel des Trollweibs“. Seit über 30 Jahren lebten sie nun auf Island. Ellinore war eine von ihnen, eine mit beiden Beinen fest auf der Erde stehende pommersche Gutsbesitzertochter aus der Familie der von Zitzewitzens. Sie sah die Welt hier sehr nüchtern und realistisch. Doch bei den geisternden Elfen, da wollte sie lieber auf Nummer sicher gehen. Also mieden wir deren Wohnhügel zwischen den Steckrüben und Kohlköpfen.

Ein anderer Merkzettel: Als Ronald Reagan und Michail Gorbatschow 1986 mit ihrem Gipfeltreffen in Reykjavík große Weltgeschichte schrieben, versagte im Gästehaus „Höfði“ – dem Ort ihres Vieraugengesprächs – die nagelneue, unter strengster Aufsicht installierte Telefonanlage unversehens ihren Dienst. Als ausländische Berichterstatter rätselten wir natürlich über mögliche Gründe dieser Panne. Für unsere isländischen Kollegen aber stand fest: Ohne jeden Respekt vor den Mächtigsten der Welt habe ein Jenseitiger namens „Mori“ das Gipfeltelefon lahmgelegt. So war anderentags in den Zeitungen zu lesen, der ganze Gipfelrummel habe den durch jenes Haus geisternden, stadtbekannten Wiedergänger gestört. Der nämlich trieb im „Höfði“ schon sein Unwesen, seit dort vor fast hundert Jahren das blutjunge Hausmädchen Sólborg unter mysteriösen Umständen ums Leben gekommen war. So hatte er selbst einen gestandenen Botschafter der britischen Krone aus dem Hause gegrault. Nach einer aktuellen Umfrage glaubt jeder zweite Isländer an die Existenz von Elfen, Trollen und anderen Vertretern des „Huldufólks“. Mehr über den täglichen Umgang mit den unsichtbaren Nachbarn in Viola Keeves Essay „Die wahre Kulisse des ‚Herrn der Ringe‘“.

Über 30-mal bin ich seit 1967 auf Island gewesen, was meinen Zettelkasten mit Notizen, Zitaten, Zeitungs-Lesefrüchten und anderem „Merk-würdigen" zu ein paar prall gefüllten Archivboxen anwachsen ließ. Denn dieser im Atlantik verlorene Erdenzipfel mit seinen gerade mal 300 000 Bewohnern – man denke sich eine Stadt wie Mannheim – steckt voll Überraschendem, Ungereimtem, Gegensätzlichem, Skurrilem und liebenswert Absonderlichem. Allein die isländischen Superlative und Welt- wie Europarekorde würden das Guinnessbuch seitenweise füllen.

Ein paar Merkzettel aufs Geratewohl herausgegriffen: mit nicht mal 20 Millionen Jahren die jüngste Landmasse unseres Planeten, die immer noch kontinuierlich und messbar wächst. Europas am dünnsten besiedeltes Land und dessen westlichste Ecke, wobei die halbe Insel ohnehin schon geologisch ein Stück des amerikanischen Kontinents ist. Bewohnt von Menschen mit der höchsten Lebenserwartung; mit 79,4 Jahren haben die männlichen Wikingernachfahren 2007 die langlebigen Japaner von Platz eins verdrängt. Die Frauen hier brachten es gar auf 82,9 Jahre, was aber für den weiblichen Weltrekord nicht ausreichte. Das Islandpferd, das es sich verbittet, Islandpony genannt zu werden, ist als einzige Pferdeart der Welt mit zwei zusätzlichen Gängen ausgerüstet: dem Tölt, der den Reiterrücken schont, und dem Pass neben Schritt, Trab und Galopp. In Hveragerði erntet man Bananen, wenn auch in geothermal beheizten Gewächshäusern. Blättern wir weiter: pro Kopf die meisten Bridge- und Schachspieler. Viele Schulen bieten Schach als Unterrichtsfach an. Schon die heimischen Asengötter pflegten das Brettspiel, liest man in den Sagas. Und 1607 berichtete der deutsche Chronist Diethmar Blefken, dass die Isländer winters für Tage das Bett nicht verließen, um dort dem Schachspiel zu frönen.

Zurück zu meinem Zettelkasten: Island, das friedlichste Land der Erde. Das renommierte Londoner Analyse-Institut „Economist Intelligence Unit“ setzte die Atlantikinsel beim internationalen Friedens-Index 2008 auf Platz eins der Weltrangliste – Deutschland rangiert da auf Platz 14, die USA und Russland als Schlusslichter gemeinsam auf Platz 97. Für den Index relevant sind die Zahl der Morde und Gefängnisinsassen pro 100 000 Einwohner, Militärausgaben (Island hat gar keine), Menschenrechte und so weiter. Dann stehen noch zwei Weltrekorde besonderer Art auf meinen Zetteln: Island stellt die meisten Nobelpreisträger und Miss Worlds – zumindest, wenn man die beliebte Pro-Kopf-Rechnung aufmacht. Zwar ist es bei den Ersteren nur ein einziger, der große Literat Halldór Laxness – aber immerhin einer auf die nur 300 000 Einwohner. Von den schönsten Frauen der Welt kamen sogar schon drei von der Insel. Umgerechnet auf unsere 82,3 Millionen Einwohner hätten wir 826-mal das Siegerkrönchen der Allerschönsten davontragen und nicht weniger als 261-mal den Nobelpreis nach Deutschland holen müssen.

Island, ein ungewöhnliches, unfertiges Stück unseres Erdballs, mit einer eigenwilligen Natur und einer magischen, oft heroischen Landschaft, bewohnt von gleichermaßen eigenwilligen wie eigensinnigen Menschen; das hat natürlich die Literaten aller Genres gereizt, es zu erkunden und zu beschreiben.

„Ich war in den kalten Nebeln zwischen den Tunguafells und dem Hófsjökull. Weiter im Norden liegt Odeila: ein Meer aus braunen Kieseln in unregelmäßigen Wellen. In den Tälern der Jökuldalsheiði habe ich geschlafen, und sah dort die Nacht kobaltblau vom Boden aufsteigen. Dann sah ich den kreisrunden Regenbogen am Skogafoss und die bemoosten Lavafelder des Laki in der Eldrhaun. Ich sah das Gebirge aus Liparit und das Gebirge aus Obsidian bei Landmanalaugar, die Bimssteinfelder, so weich wie Pappelholz, bei der Askja; die Holssandur, eine Wüste aus noch kantigen Findlingen und den bleifarbigen Dettifoss darin“, lese ich in meinem Zitatenschatz. Ein großer Maler notierte diese

Wortbilder 1980 in seinem Island-Reisebuch: Klaus Fußmann.

Oder die Lyrikerin Sarah Kirsch, die die Eindrücke ihrer Island-Reise 2001 in „Tagebruchstücken" für ihr Buch „Islandhoch" festhielt. Über ihre Ankunft in Reykjavík schreibt sie: „Was der alte Winkler anscheinend überhaupt nicht wahrgenommen hat, sind das nördliche Licht, die surrealen Farben, wie par excellence bei der Einfahrt jetzt. Schwarze, verhangene Tafelberge, die Hallgrimskirche in fahler Beleuchtung, die Lichtblitze schmeißende neue Glaskuppel auf dem großen Wasserbehälter. Die mutigen Vogelbeerbäume von der schwedischen Art, die ich stets bewundert habe, waren mit Blüten bedeckt! Solch kleine Hauptstadt, verrückt zusammengewürfelt, was den Baustil betrifft. Es ist ein Segen, dass hier lange kein Lehrstuhl für Architektur existiert hat, die Studenten in die Welt ziehen mussten, mit Wahnsinnsideen zurückgekehrt sind …" Weitere Lesefrüchte aus Sarah Kirschs „Islandhoch" sind hier im Buch zusammengefasst.

„Das äußerste von allen Landen, die man kennt, ist Thule", schrieb Plinius der Ältere um das Jahr 60 n. Chr. in seiner „Naturalis historia". War dieses Ultima Thule der Antike Island? War es die Insel, die der erste Nordlandfahrer der Geschichte, der griechische Astronom Pytheas von Massilia, um 330 v. Chr. bei seiner Erkundung der mitternächtigen Länder ausmachte? Sein Thule lag sechs Segeltage nördlich von Britannien, lag unter der Mitternachtssonne, wie der Sternenkundige vermerkte. Dahinter habe ein „träges und geronnenes Meer" begonnen – die frostigen Eisbreifelder zwischen Island und Grönland? Die Experten sind sich da nicht einig, ob der Grieche wirklich Island sah.

Anders bei dem großen nordischen Seefahrer, dem wir die erste bildhafte und auch dramatische Beschreibung isländischer Naturphänomene verdanken. Es war der Heilige Brendan, der auf der Suche nach dem Land der Verheißung Mitte des 6. Jahrhunderts mit einer

Schar irischer Mönche den Nordatlantik mit seinen Inseln erkundet hatte – in einem Curragh, einem Boot aus Ochsenhäuten. Darüber berichtet die „Navigatio Sancti Brendani Abbatis“, die allerdings erst 400 Jahre nach der Reise zu Pergament gebracht wurde. Dieser heilige Mann erzählt von einer düsteren Insel mit einem hohen, rauchenden Berg und einer kohlrabenschwarzen Kliffwand, vor der sein Lederboot auf Grund lief. Einen seiner Männer hätten feurige Dämonen mit sich gerissen und in Brand gesetzt. Als die Mönche eilends wieder von hinnen rudern konnten, habe sich der Rauch in Flammen verwandelt. Diese hätten den Berg, hochschießend und züngelnd, wie einen Scheiterhaufen erglühen lassen.

Brendan wurde da offenbar Zeuge eines Vulkanausbruchs, der nur auf Island erfolgt sein kann. Als Gottesmann wähnte er sich dabei den Toren der Hölle nahe, wie auch zuvor schon bei einer Nachbarinsel. Von der aus hätten rußschwarze Teufel seine Männer mit glühenden Lavabrocken beworfen, die dampfzischend im Meer landeten. Da könnten die Mönche sogar die Geburt einer neuen Insel durch den submarinen Vulkanismus vor Islands Südküste, ähnlich Surtsey, miterlebt haben. Denn in diesem Seegebiet finden sich mehrere Lavasockel von wieder untergegangenen, kleinen Vulkaninseln. Brendans Schilderung der vermeintlichen Teufelei leitet den Beitrag des amerikanischen Autors Charles Fergus über die historischen Vulkankatastrophen auf Island ein.

Die Insel aus Feuer und Eis – so lautet das meist gebrauchte Synonym für Island. Denn auch das Eis seiner mächtigen Gletscher (übrigens der größten Europas) prägt sein eigenwilliges Gesicht. Für viele Isländer sind gerade diese Eislandschaften ein Art Seelenlandschaft. So hat man den ewigen Gletschern immer wieder literarische Denkmäler gesetzt. Ísafold, die Eisumschlungene, wird die Insel in einem alten isländischen Gedicht genannt.

„Was die Eismassen angeht, die in Island sich finden, so meine ich, dass das Land seine Lage entgelten muss, da es in der Nähe von Grönland liegt", belehrt der fiktive Vater im norwegischen „Königsspiegel", einem Belehrungsbuch für künftige Höflinge, seinen wissbegierig nach der Beschaffenheit und den Naturwundern Islands fragenden Sohn. Und er berichtet ihm auch von den „eiseskalten Gewässern, die unter den Gletschern mit solcher Masse hervorströmen, dass die Felsen unter deren Übergewalt und Wildheit zittern und erbeben". Dieses Buch, aus dem wir Teile des Vater-Sohn-Dialogs über Island wiedergeben, wurde bereits um die Mitte des 13. Jahrhunderts verfasst. Ein isländischer Autor unserer Tage hat seine Heimat „ein seltsames Gemisch von Frost und Gluten, von Bergfelsen und Wüsten, von Lava und Meer" genannt. Und der große Meister Halldór Laxness sprach von einem Land, „wo Feuer zu Erde wird, Wasser zu Luft und Luft zu Geist". Von den Gletschern geht in Laxness' Romanen immer wieder ein mystischer Zauber aus. Ihre faszinierende Schönheit ist in seinen Augen auch ein Sinnbild des unerforschlichen und göttlichen Daseins des Menschen. Der Dichter schreibt: „Wo der Gletscher aufragt, hört das Land auf, irdisch zu sein, und die Erde hat Teil am Himmel; dort wohnen keine Sorgen mehr, und darum ist die Freude nicht vonnöten. Dort herrscht allein die Schönheit jenseits allen Verlangens."

„Am Gletscher" heißt dann auch der Roman von Halldór Laxness, aus dem wir eine Passage übernommen haben. Laxness lässt den legendären Snæfellsjökull eine wichtige Rolle spielen. Das Geschehen dreht sich um Sira Jon Primus, einen Dorfpfarrer am Fuße des mythischen Gletschers, der über das Hufebeschlagen der Pferde in seiner Gemeinde und das Reparieren von Spirituskochern gänzlich die ihm obliegende Seelsorge vergisst. Ein vom Bischof entsandter Jungtheologe soll vor Ort die Hintergründe der Versäumnisse untersuchen. Er wird im Text meist Vebi genannt, was Vertreter des Bischofs heißen soll.

Der geheimnisvolle Gletscher ist übrigens derselbe, über den Jules Verne in seinem Roman „Reise zum Mittelpunkt der Erde“ seinen Professor Lidenbrock 1857 in die vulkanische Unterwelt einsteigen lässt. Der Franzose Verne, der selber nie seinen Fuß auf isländischen Boden setzte, hatte den später von Laxness zur Hauptperson gemachten, hufbeschlagenden Seelsorger am Fuße des großen Gletschers für eine knappe Episode seines Romans frei erfunden. Auch bei Verne hämmert der Pfarrer beim Eintreffen der Gäste ohne aufzusehen am Hufeisen weiter. „Bevor es Nacht wurde“, heißt es bei Verne, „hatte sich der Pfarrer als Grobschmied, Rosstäuscher, Fischer, Jäger und Zimmermann entpuppt, aber der geistliche Herr in ihm ließ auf sich warten“.

„Als Insulaner sind wir Isländer geborene Individualisten“, hatte mir Sigurjon Hallgrímsson schmunzelnd gesagt. „Wenn wir dann aber noch auf einer kleinen Insel vor der großen leben, dann haben wir das Recht auf einen doppelten, besonders krausen Individualismus.“ Sigurjon war eingeborener Heimaeyer mit schon fast südlichem Temperament. Das komme von dem guten Schuss keltischen Blutes in seinen Adern. Und schelmisch hatte er hinzugefügt, vielleicht auch noch von ein paar maurischen Genen, die die morgenländischen Piraten bei ihrem Überfall 1627 hier auf den Westmännerinseln zurückgelassen hätten. „Wir verdienen hier gut und können uns alles leisten, was man drüben auf dem ‚Mainland‘ nicht kann.“ Nur auf eines müsse man verzichten: auf längere Autospritztouren. Die endeten hier alle schon nach wenigen Kilometern an irgendeiner Kliffkante. Sein größtes Erlebnis auf der kleinen Insel? Der Ausbruch des „Heimaey-Feuers“ 1973, das die 5000-Seelen-Stadt unter Asche und Lava begrub und sie für ein paar Jahre zu einem Pompeji des Nordens machte. Mehr über diese Katastrophe und die Rettungsarbeiten in dem Bericht „Pompeji im Nordmeer“ von Elmar Engel und mehr über die Eigenheiten der Westmännerinseln in meinen Betrachtungen „Der Archipel des Trollweibs".

Wie der Westmänner-Archipel im Süden ist die Insel Grimsey Islands Vorposten im Norden. Zwar kann sich das Eiland 40 Kilometer vor der Küste rühmen, dass es als einziges Stück von Island noch über den Polarkreis hinausragt, aber seine eher zum Flachen neigende Natur gibt sich doch weit bescheidener als die der Südinseln. Und mit dem Broterwerb ist es hier auch nicht so weit her. Denn die Grimseyer, so besagt die Legende, verbrachten als besonders fanatische Schachspieler die kurzen Sommer eher mit Grübeln über Schachstrategien, als dass sie zum Fischen hinausfuhren. Deswegen wurde auch nie ein richtiger Fischereihafen gebaut. Und eine andere Legende will wissen, dass sich so mancher Grimseyer einer verlorenen Schachpartie wegen von den Vogelklippen gestürzt habe. Vielleicht hat auch das dazu geführt, dass heute nur 107 Bewohner von dem doppelten Individualisten-Bonus profitieren können – mehr Seelen zählt die ganze Insel nicht. Der amerikanische Philanthrop Daniel Willard Fiske, selber ein großer Schachfreund, soll jedem der elf Bauern auf Grimsey um 1900 ein marmornes Schachbrett samt entsprechender Figuren geschickt haben. Und so sah sich Fiskes Landsmann, der rund um den ganzen Globus vagabundierende Reiseschriftsteller Lawrence Millman, auch besonders interessiert auf dem Eiland um, als er für sein 1990 erschienenes Buch „Saga-Land" den Spuren der Wikinger folgend die nordatlantischen Inseln erwanderte. Doch wie in dem Beitrag „Videonacht am Polarkreis" zu lesen ist, fand er zwar reichlich viel Videos auf Grimsey, aber keinen einzigen Schachspieler mehr.

Bleibt aus meinem Zettelkasten noch nachzutragen, dass irgendwann im 18. Jahrhundert sämtliche Männer der Insel in einem Sturm ertranken. Als einziges männliches Wesen soll der Dorfpfarrer durch eigene „fleischliche Betätigung" für das Fortbestehen der Inselbevölkerung gesorgt haben.

Island als das mit Abstand jüngste Erdenland hat nicht nur seine ganz eigene Entstehungsgeschichte, die völlig aus dem ursprünglichen, auf Jahrmilliarden angelegten Schöpfungsrahmen fällt. Denn hier musste alles im Eilverfahren geschehen – mehr dazu in meinem Beitrag „Ein wundersamer Planet namens Island“. Auch die Inbesitznahme des Neulandes durch den Menschen ist ohne Beispiel. Wir wissen von ein paar eremitischen „Papen“, die im 8. Jahrhundert an der Südküste die rechte, gottgefällige Weltabgeschiedenheit für ihr Einsiedlerdasein gefunden hatten, vielleicht auch noch von ein paar sonstigen Siedlern, wie neue Ausgrabungen gezeigt haben. Doch davor, als auf der übrigen Welt große Kulturen längst wieder untergegangen waren, gab es kein einziges menschliches Wesen auf der Insel. Offenbar hatte das isländische Huldufólk, die Unsichtbaren, sie ganz für sich allein.

Mit dem Jahr 874 setzt dann jedoch eine invasionsgleiche Besiedlung ein: die „Landnahme“ durch wikingische Emigranten, die vor allem Norwegen aus politischen Gründen den Rücken gekehrt hatten. Ein halbes Jahrhundert später gab es schon so etwas wie ein isländisches Staatswesen mit einem Parlament und einem stark ausgeprägten Gesetzeswesen. „Sie haben keinen König, nur Gesetze“, vermerkte schon Bischof Adam von Bremen in seiner Hamburger Kirchengeschichte von 1075. Zu den harten Strafen dieser Gesetze gehörte der Zweikampf auf Leben und Tod, wobei letzter als ehrenhaft galt. Die schwerste Strafe aber war die Verbannung in die Lavawüsten der Missetäter. Denn dort verhungerten oder erfroren die meisten der Vogelfreien über kurz oder lang. Einzelheiten dazu in der Betrachtung „Das harte Los der Missetäter“ des französischen Schriftstellers Samivel sowie in meinem Beitrag „Wikinger – die ersten Isländer“.

Die norwegischen Siedler hatten ihre altnordische Sprache mit nach Island gebracht, und sie blieb dort auch dank der isolierten Insellage bis auf den heutigen

Tag in ihrer fast noch ursprünglichen Form erhalten. Man sagt, dass es den isländischen Schulkindern nach einiger Übung nicht schwerfalle, die im 13. und 14. Jahrhundert zu Pergament gebrachten Sagas im Original zu lesen und zu verstehen. Da diese alte Sprache auch in den harten Zeiten unter der norwegischen und dann dänischen Kolonialherrschaft ein wichtiges Fundament der nationalen Identität war, hat man sie auch sehr bewusst erhalten. So kennt das Isländische bis heute nur wenige Fremdwörter. Ein 1964 eingesetztes Komitee sorgt selbst bei der gegenwärtigen globalen Überflutung mit Anglizismen dafür, dass neue internationale Begriffe isländische Entsprechungen erhalten. So heißt das Internet amtlich korrekt auf gut Isländisch *veraldavefur* (wörtlich übersetzt: Universum-Gewebe), der Computer *tölva* (Zahlen-Wahrsagerin), das Cello *knéfiðla* (Kniefiedel), die Elektrizität *rafmagn* (Bernstein-Kraft) und der Chef *yfimaður* (Über-Mann). Selbst wahre Wortungetüme wie *löggæslumyndavélunum* werden für die Sprachreinhaltung konstruiert. Wortgetreu ins Deutsche übertragen würde dieser Bandwurm „Gesetzüberwachungslichtbildmaschine" heißen, was schlicht Kamera zur Verkehrsüberwachung meint.

Ein letztes Zitat noch von Halldór Laxness: „Wohin auch der Isländer blickt, vermittelt ihm die Landschaft die Botschaft der Sagas: jedes Tal, die Berge mit ihren Spalten und Spitzen; die Flüsse, Lavafelder und Sandwüsten; das Moor und die Heide, nicht zu vergessen die Fjorde und Buchten mit ihren Inseln, Schären und Klippen. Das ganze Land bebt von der literarischen Überlieferung." Seit im 11. Jahrhundert die Schrift aus Europa auf ihre Insel kam, sind die Isländer dem Zauber des geschriebenen Wortes verfallen. So entstanden hier mit den Helden- und Götterliedern der „Edda" und den groß angelegten Sagas schon im 13. und 14. Jahrhundert – und damit früher als auf dem Kontinent – die literarischen Vorläufer des europäischen Romans. Mit offenkundiger Vorliebe schildern die anonymen Erzähler die über Generationen andauernden Fehden der großen Bauernsippen, wobei ihnen die sich fortvererbende Blutrache Stoff ohne Ende lieferte. Ohnehin ließen die Autoren überreichlich vom roten Lebenssaft aus den Pergamentseiten fließen. Denn ihre Protagonisten wurden oft gleich reihenweise erschlagen, erstochen, zerstückelt und verbrannt – so auch in der als ein Meisterwerk der mittelalterlichen Literatur geltenden „Saga vom weisen Njal", in der nicht weniger als 900 Personen namentlich erwähnt werden. Für unser Buch haben wir die Schilderung des dramatischen Endes von Njal und seiner nächsten Angehörigen ausgewählt.

Bleiben noch zwei isländische Superlative nachzutragen. Im November 2007 wurde Island von den Vereinten Nationen zum Land mit der höchsten Lebensqualität unter allen Staaten der Welt ausgerufen. Bei diesem „Index des menschlichen Entwicklungsstandes" (HDI) zählen vor allem die Lebenserwartung, der Bildungsgrad und das Einkommen. Deutschland musste sich da mit Platz 22 begnügen. Der zweite Weltrekord, der Island nur ein halbes Jahr nach der Ausrufung dieser Weltmeisterschaft auf die Titelseiten der internationalen Presse brachte: Mit der höchsten Verschuldung der Welt sah sich die stolze Nation der Glückseligen am Rande des Staatsbankrotts. Nur der Turkmenistan-Manat, der Guinea-Franc und die Seychellen-Rupie standen im August 2008 noch schlechter da als die isländische Krone. Doch nicht nur der Staat, auch seine 300 000 Einwohner hatten weit über ihre Verhältnisse gelebt. Allein in den fünf Jahren vor dem „Kreppa", dem großen Finanz- und Wirtschafts-Crash, war der private Wohlstand des Durchschnitts-Isländers um 45 Prozent gestiegen.

Auch die drei privaten Banken der Insel wollten da nicht zurückstehen, sie wollten in der ersten Liga der Global Player mitspielen. Also kauften sie in ganz Europa auf, was auch immer teuer zu haben war – von Dänemarks Traditionshotel Nummer eins, dem noblen „D'Angleterre“ in Kopenhagen, bis hin zum britischen Fußballclub „West Ham United“. Alles auf Pump, versteht sich. Im Frühjahr 2008 war der Umsatz des „Trio infernale“ der Banken bereits auf das Neunfache des Bruttosozialprodukts angewachsen. Und fast schien es so, als wollte die kleine Insel im großen Meer zu einer globalen Offshore-Investmentbank mutieren. Bis dann im Herbst 2008 der Tanz auf dem Vulkan im großen Kreppa endete und die unversehens in die galoppierende *verðbólga* (Inflation, oder wörtlich übersetzt: Preisentzündung) geworfenen Isländer die Nationalbank in Reykjavík stürmten. Der gute Rat, den Premierminister Geier Haarde seinen Landsleuten angesichts des totalen Fiaskos auf dem Finanzparkett gab: „Denkt an unsere traditionelle Ressource, den Ozean. Geht lieber wieder fischen.“

Rolf Hädrich

Island – nur eine Erfindung von Halldór Laxness?

Island, so glaubte ich immer, sei eine Erfindung von Halldór Laxness, dem großen isländischen Dichter und Weltsänger. Ich war sechzehn, als ich seine gewaltigen Epen las. *Salka Valka, Weltlicht, Atomstation, Sein eigener Herr …* Und je mehr ich dieser Poesie den Rang von Wirklichkeit einräumte, umso weiter entfernte sich die Insel im Atlantik.

Die Welt war damals groß und der Mond hing selbst in der Lyrik noch am rechten Fleck, unbefleckt. Ein Pferd oder ein Fahrrad waren weitreichende Verkehrsmittel. Mit dem Zug kam man mitten in den fremden Städten an oder mit dem Schiff in den fernen Häfen der Menschheit – aber das waren Geschichten.

Island schien unerreichbar für einen Jungen, der von Geysiren und Vulkanen träumte, als wären es Vokabeln aus der Geheimsprache der Märchen. Island war eine Saga.

Gewiss, es gab Gerüchte. Ein deutscher Schauspieler und Segelflieger, den wir ABC-Böhme nannten, weil er so viele Vornamen hatte, dass vielleicht nicht einmal seine Mutter wusste, auf welchen er reagieren würde, – er sollte tatsächlich in Island gewesen sein, um dort – es war die Zeit von Quax dem Bruchpiloten, also eine schlimme – die Luftfahrt einzuführen. Die Isländer, obwohl misstrauisch bereits der Dampfschifffahrt gegenüber, da sie ein redliches Bauernvolk waren, verkrafteten auch das. Man weiß das heute. Die paar Einwohner der Insel gründeten 1944 ihre Republik und zwei internationale Luftlinien dazu, die Icelandair und die Loftleidir, um Billigfliegern, sogenannten Hippies, per Stopover in Reykjavík Amerika nahezubringen.

Ein anderes Beispiel: Ich war Regie-Assistent bei den damals beliebten *Immenhof*-Filmen Anfang der Fünfzigerjahre, als Heidi Brühl noch nicht ahnte, dass sie einmal die Welt mit Gesang erfreuen würde. Die Idee war, dass es vielleicht Ponys gelänge, das Zelluloid mit Leben zu erfüllen. Tatsächlich, es kam ein veritabler isländischer Minister und brachte die berühmten Vierbeiner von der fernen Insel. Er hielt eine Rede, in der er uns all die Pferdchen mit Namen vorstellte. Aber, sagte er, nun müsse er Abschied nehmen von ihnen, denn wieder einreisen nach Island dürften die Tiere nicht. Das sei gegen die veterinärmedizinischen Vorschriften. Island blieb eine Saga.

Als ich dann in der Schweiz das Stück von Max Frisch verfilmte, das er schlicht *Biografie* nannte, traf ich auf Jón Laxdal, den ich engagiert hatte, um den Registrator, was auch immer das sein mag, zu spielen, weil er gar seltsam sprach, sagen wir mit einem rollenden R, also etwas baltisch, so wie Puntila, wenn er betrunken ist.

Da tauchte wiederum das magische Wort Island auf: Jón Laxdal behauptete, er käme von dort. Vor siebzehn Jahren wäre er als Seemann zur Max-Reinhardt-Schule nach Wien gesegelt, hätte daselbst Deutsch gelernt (eine merkwürdige Vorstellung), aber es in Rostock verbessert. – Danach lebte er am Züricher Schauspielhaus, dem Theater der Emigranten. Nun war mir endgültig klar: Island konnte es gar nicht geben.

Längst hatte ich mich damit abgefunden, dass auch der von mir verehrte Halldór Laxness, ähnlich Shakespeare durch die Gebrüder Schlegel, eine Erfindung seiner Übersetzer sei. Doch Lax*dal* fragte mich, ob ich nicht Lax*ness* treffen wollte (man sieht, Lachs spielt eine große Rolle in dieser Geschichte, überhaupt Fisch, zum Beispiel Stockfisch) – also bald darauf klopfte der

Leibhaftige an meiner Tür, um mit mir die Verfilmung seines Romans *Das Fischkonzert* zu besprechen. So einfach ist das mit Isländern. Nun hatte ich inzwischen gelernt, dass man Schriftsteller, deren Werke man schätzt, nicht unbedingt von Angesicht zu Angesicht kennenlernen sollte. Mit Halldór ist das anders, er hat den Humor seiner Bücher auch im Leben. Als ein Mann, der gute Zigarren zu schätzen weiß, entdeckte er sofort die Kistchen, die ich in der Ecke der Bücherwände aufgestapelt hatte. „Donnerwetter", sagte er, „Sie haben da eine Bibliothek, eine ganze Bibliothek von Zigarren." Liebevoll nahm er jedes einzelne Kistchen in die Hand, ohne die Bücher auch nur eines Blickes zu würdigen.

Er sprach ein vorzügliches Deutsch, und ich traute mich gar nicht erst zu fragen, ob es denn Isländisch überhaupt ... Er mochte meine Gedanken erraten haben, denn mit seinem typischen Eruptionslachen erzählte er, dass bei der Verleihung des Nobelpreises alle Leute, denen er präsentiert wurde, fürs Leben enttäuscht waren, weil sie sich unter einem Isländer einen Eskimo vorgestellt hatten. Er stand vor meinen Büchern in seinem feinen Tweedanzug und zündete sich eine Zigarre an und da er nochmals lachen musste, kam der Rauch in lauter kleinen Ringen aus seinem Mund. Ein Isländer.

Als der Film *Das Fischkonzert* in Skandinavien gezeigt wurde, bekam ich herbe Kritik zu hören: das Island, das ich im Film zeige, sei eine pure Erfindung. Ein solches Island gäbe es gar nicht. Meine Entgegnung, dass der Film in isländischer Landschaft mit isländischen Schauspielern (Jón Laxdal spielte die Hauptrolle) nach einem isländischen Buch gedreht worden sei, fand keinen Glauben. Sollte ich mich so getäuscht haben? Natürlich habe ich den Norwegern nicht und den Dänen nicht und schon gar nicht den Schweden erzählt, dass mich der frühere isländische Staatspräsident Kristján Eldjárn scherzhaft getadelt hat, weil er eines Tages, mit dem Auto übers Land fahrend, einen alten, ihm noch unbekannten Grasdach-Bauernhof erspähte. Er ist, das muss man wissen, im Privatleben Erforscher der alten isländischen Kultur. So zwang er, trotz Sturm und Regen, seine Frau auszusteigen, und sie stapften durch die glitschigen Wiesen und Lavafelder. Als sie endlich, auf die Haut durchnässt und frierend, das Ziel seiner wissenschaftlichen Neugier erreicht hatten, musste er feststellen, dass es sich um unsere Filmdekoration handelte. Dass auch auf Isländisch die Flüche zahlreich sind, möchte ich bestätigen. Ich habe sie als Kompliment an Björn Björnsson, unseren Filmarchitekten, weitergegeben. Was ist Wirklichkeit, wenn sie nicht unsere Fantasie übertrifft? Und was ist Island, wenn man es nicht erfinden kann?

Von dort aus begann Jules Verne seine Reise um die Erde und bei Fontane kann man lesen: „Wenn es weit draußen in der Welt, sei's auf Island, sei's auf Java, zu rollen oder zu grollen beginnt … dann regt sich's auch *hier*, und ein Wasserstrahl springt auf und sinkt wieder in die Tiefe. Das wissen alle, die den Stechlin umwohnen."

Island muss erfunden werden. Immer wieder. Vielleicht nicht in Wirklichkeit. Aber in der Poesie. Als ich Halldór Laxness fragte, ob er als Schriftsteller Realist sei, wie ihm alle Literaturkenner immer wieder andichteten, antwortete er: „Nein, niemals. Dafür ist das Leben zu fantastisch."

Henryk M. Broder

Ein Hoch auf Island

Jahrzehntelang war immer nur vom „Island-Tief" die Rede, ohne dass die Insel auf der Wetterkarte der *Tagesschau* zu sehen gewesen wäre. Island lag irgendwo weit weg und war Synonym für schlechtes Wetter. Das war alles, was man über Island wissen musste, wenn man die Frage: „Insel im nördlichen Atlantik mit sechs Buchstaben" richtig beantworten wollte. Island musste auch lange darum kämpfen, vom restlichen Europa überhaupt wahrgenommen zu werden. Auf Münzen und Briefmarken plätscherte nördlich von Schottland und westlich von Norwegen nur noch das Meer.

Das hat sich inzwischen gründlich geändert. Jeder Popmusik-Fan kennt Björk und die Studmenn, jeder Naturfreund weiß, wo Keiko seine letzten Jahre gelebt hat, jeder Feinschmecker schwört, dass der isländische Lachs und Wodka die besten sind. Und dass Reykjavík „die geilste Clubszene überhaupt" hat, das hat sich bis in die letzte Disco im Allgäu herumgesprochen.

Wer die Wetterkarte der *Tagesschau* aufmerksam beobachtet, wird feststellen, dass es im Winter auf Island immer wärmer ist als auf dem Kontinent und im Sommer immer kühler. Irgendwie scheint die Temperatur den Bereich zwischen 0 und 10 Grad zu bevorzugen. Island ist also kein No Name mehr auf der Landkarte des europäischen Bewusstseins. Aber das bedeutet nicht, dass die Europäer über Island wirklich Bescheid wissen.

In Weltjahrbüchern kommt Island mit gerade einer halben Seite vor – wie Burundi in Afrika, St. Lucia in der Karibik und Tuvalu in der Südsee. Luxemburg wird dreimal so viel Platz eingeräumt. Eine Umfrage unter Freunden, die viel gelesen haben und weit gereist sind, provoziert immer wieder großes Staunen: Island ist so groß wie es die DDR war und hat nur so viele Einwohner wie Karlsruhe? – Nicht zu glauben. Amerika wurde von einem Isländer entdeckt, lange bevor Kolumbus nach Indien aufgebrochen ist? – Ist ja irre. In Island wurde das erste und älteste Parlament Europas etabliert? – Kann doch nicht sein. Allerdings: Mittfünfziger, die heute gern in Drei-Sterne-Restaurants dinieren, können sich noch daran erinnern, wie sie als Studenten mit der Loftleiðir von Luxemburg mit einem Zwischenstopp in Keflavík in die USA geflogen sind, für 649 DM, weil die Loftleiðir nicht zum IATA-Kartellverbund gehörte. So was lässt romantische Reminiszenzen wach werden.

Man muss den Europäern, die wenig über Island wissen, zweierlei zugutehalten: Isländisch ist nicht gerade eine Weltsprache und erschließt sich auch dem Gutwilligen nur mühsam. Ginge es nach den Regeln von Input und Output, von BWL und VWL, von Masse und Macht, könnte es Island gar nicht geben – nicht als selbstständigen Staat mit eigener Währung, eigener Regierung, mit einem Präsidenten, einem Parlament, mindestens fünf politischen Parteien, Botschaften in den wichtigsten Hauptstädten, drei Fluglinien, drei Tageszeitungen, einem Dutzend Universitäten und Hochschulen und mehr Theatern in Reykjavík als in jeder vergleichbaren deutschen Stadt.

Um einen solchen Apparat zu betreiben, fehlt den Isländern einfach das Personal. Fragt man einen Isländer, wie sie es dennoch schaffen, mit der Besatzung eines Kutters ein Kreuzfahrtschiff in Betrieb zu halten, überlegt er kurz und antwortet: „Eine gute Frage. Ich habe mir darüber noch keine Gedanken gemacht.“ Diese positive Gedankenlosigkeit ist die Grundlage der isländischen Philosophie. Hätten die Isländer vor 100 oder 200 Jahren über ihr Leben gründlich nachgedacht, alle Vor- und Nachteile gegeneinander abgewogen, wären sie zu dem Schluss gekommen: Nichts wie weg von hier! Die Lebensbedingungen waren kläglich, es gab nur Fischfang und Landwirtschaft zum Selbsterhalt, jeder Sturm und jeder Vulkanausbruch kam einer Katastrophe gleich, die an die Substanz ging.

Im Jahre 1800 lebten etwa 40 000 Menschen auf Island, heute sind es knapp 300 000. Die Lebensbedingungen haben sich gründlich geändert, geblieben ist die positive Gedankenlosigkeit. Ich fragte den Direktor eines großen isländischen Verlages, wie er seine Bücher kalkuliere. Er verlegte nicht nur Laxness und die isländischen Klassiker, sondern auch Nietzsche, Kierkegaard und Grass. Und das in Auflagen, auf die jeder deutsche Verleger stolz gewesen wäre. Er antwortete: „Ich kalkuliere nicht, wenn ich kalkulieren würde, könnte ich keine Bücher machen." Und dabei machte er sogar Gewinne in der Gesamtbilanz. Eine gelernte Sozialarbeiterin, die im Hotelfach gearbeitet und sich mit einem Lobster-Restaurant eine Autostunde von Reykjavík entfernt selbstständig gemacht hatte, erklärte mir auf die Frage, wo sie das Handwerk gelernt hätte: „First we do it, then we like it."

Wenn es ein Motto für die Einstellung der Isländer zum Leben gäbe, dann müsste es dieser Satz sein. Im Deutschen wäre es: „Es wird schon schiefgehen." Eine Bäuerin, die nebenbei erfolgreich Familien- und Liebesromane schreibt, aber keine eigenen Kinder bekommen kann, adoptierte zwei Kinder, einen Jungen aus Thailand und ein Mädchen aus Indien. Auf die Frage, warum sie keine Kinder aus Island angenommen hatte, antwortete sie: „Ich wollte einfach braune Kinder." Der Junge und das Mädchen sprechen fließend Isländisch, gehen in einen isländischen Kindergarten und in eine isländische Schule und sind noch nie angepöbelt worden. Niemand macht sich darüber Gedanken, dass sie anders aussehen als die Kinder der Nachbarn. Das kommt auch daher, dass die Isländer große Patrioten, fast Nationalisten sind. Nur ist der isländische Patriotismus inklusiv, nicht exklusiv wie der deutsche. Wer Isländisch spricht und die Spielregeln beachtet, wird Isländer: der jüdische Musiker, der aus Deutschland gekommen ist, der Tänzer aus Syrien, der jetzt Tango-Stunden gibt, der Koch aus Vietnam, der ein Restaurant aufgemacht hat. Sie sind alle Isländer geworden, ihre Kinder sind es vom Tag der Geburt an. Allerdings ist die isländische Toleranz nicht grenzenlos: Ein Einwanderungsgesetz besagt, dass Immigranten im Alter von 18 bis 24 Jahren nicht länger aufgrund ihrer Heirat mit Isländern eine Arbeitserlaubnis erhalten.

Trotz der geografischen Randlage, der kulturellen Eigenheiten und der wirtschaftlichen Abhängigkeit vom Fisch haben die Isländer viel Glück gehabt. Sie haben es auch verstanden, Nachteile in Vorteile zu verwandeln. Das größte Glück war, dass die Insel 1940 von den Briten besetzt wurde, denen ein Jahr später die Amerikaner folgten. Die gaben dem Land eine Infrastruktur, von der es noch heute profitiert. Und weil kaum ein Mensch der Welt Isländisch spricht, mussten die Isländer Fremdsprachen lernen. Das sorgte für Mobilität und Anbindung an die Welt, obwohl oder gerade weil Island keine unmittelbaren Nachbarn hat.

Island ist das einzige Mitglied der NATO, das keine Armee hat, wenn man von zwei Küstenschutzbooten und zwei Hubschraubern absieht. Es genießt also alle Vorteile des Bündnisses, ohne dafür mehr zu leisten, als strategisch günstig auf halbem Wege zwischen Europa und Amerika zu liegen. Ein Glücksfall ist auch, dass es den größten Teil seines Energiebedarfs, etwa zwei Drittel, aus der Erde bezieht. Ganz Island ist eine heiße Quelle, die Raumtemperatur in den Wohnungen wird durch Auf- und Zumachen der Fenster reguliert. So spart Island an den Posten, die in jedem Land die größten Löcher in den Haushalt reißen: Verteidigung und Energie. Und so kann es viel Geld in Bildung und Erziehung investieren. Alle Schulen haben Computer und sind an das Internet angeschlossen, wer zum Studieren ins Ausland will, bekommt ein Stipendium. Alleinerziehende Mütter, die arbeiten oder studieren wollen, finden immer einen Kindergartenplatz.

Ganz Island ist eine Art Labor, in dem man heute sehen kann, was es morgen überall geben wird. Drahtloser Zugang zum Internet ist so selbstverständlich wie Handys für alle. Homoehe ist kein Thema, weil es keinen Unterschied macht, ob ein Paar, das zusammenlebt, homo oder hetero, verheiratet oder nicht verheiratet ist. Landflucht auch nicht, weil zwei Drittel der Bevölkerung im Großraum Reykjavík/Keflavík leben, was die Kosten für den Erhalt der Infrastruktur reduziert und die Natur schont. Heute sind es vor allem Künstler, Dichter und Pensionäre, die aufs Land ziehen und alte Höfe vor dem Verfall retten.

Das große isländische Geheimnis aber hört auf den Namen Arbeit. Es klingt kitschig, aber es stimmt. Isländer arbeiten gern und viel. Es gibt eine Altersgrenze und eine Wochenarbeitszeit, aber beide sind nicht verbindlich. Nichtstun ist keine Tugend. Universitätsprofessoren arbeiten im Sommer als Fremdenführer oder Gastwirte, nicht weil sie das Geld bräuchten, sondern weil sie drei Monate Ferien unerträglich finden.

Ein Neurophysiologe, weit über 70 und seit Jahren „pensioniert", geht jeden Tag in die Universität, um zu unterrichten und zu forschen. Er sagt: „They can't get rid of me" – sie werden mich nicht los. Und sie wollen es auch nicht. Denn bei weniger als 300 000 Einwohnern, von denen jeder Dritte gerade im Ausland ist, kommt es auf jeden Kopf und jede Hand an.

Es gibt viele Gründe, Island zu mögen. Die Landschaft, die Leute, die Kultur, das Essen, das Wetter. Wer hinhört und hinschaut, lernt jeden Tag Neues dazu, auch wenn er die Sprache nicht versteht. Von Island lernen, heißt arbeiten und leben lernen.

Hans Joachim Kürtz

Ein wundersamer Planet namens Island

Ein winziger Erdenzipfel nur, wogenumbrandet im hohen Nordmeer, eine nachträgliche Zugabe des Weltenschöpfers noch, fast fünf Milliarden Jahre nach der ursprünglichen Erschaffung unseres Planeten. Irgendwas muss Gottvater da noch gefehlt haben, inmitten der endlosen Leere der atlantischen Wasserwüste, am Rande der Arktis. Richtig, Island – das habe er da oben völlig vergessen, muss er sich wohl gesagt haben, als er noch einmal prüfend auf seinem damaligen Weltenbauplan nachschaute. Und ohnehin gerade damit beschäftigt, die auf dem glutflüssigen Urbrei des Erdinneren dahindriftenden Kontinente noch ein wenig in ihrer Lage zueinander zu korrigieren, ließ er kurzerhand zwischen dem 63. und dem 67. Breitengrad eine Insel aus den Tiefen des Ozeans wachsen.

Doch unentschlossen, ob das nun ein Stück Europa sein sollte oder eher ein Eckchen von Amerika, hatte er bei dem nachträglichen Schöpfungsakt das neue Stück Land rittlings und haargenau auf den Saum postiert, an dem die Basisplatten beider Kontinente mit aller Macht voneinanderstreben. Was einen ordentlichen Riss durch das Untergrundgefüge Islands verursacht hat, diagonal von Südwest nach Nordost, durch die ganze Insel verlaufend. Diese nicht verheilende Narbe in der Erdkruste zeigt sich sehr eindrucksvoll in ganzen Schwärmen von Felsspalten, tiefen Schluchten und Verwerfungen, die aller einer Linie folgen. Besonders imposant zeigen sie sich am hohen Rand der Þinghvellir-Ebene, dort, wo sich bereits anno 935 die wikingischen Großbauern zur ersten gesetzgebenden Versammlung der Welt zusammenfanden, die zur Urmutter aller Parlamente wurde. Dieser Riss lässt Islands Hauptstadt Reykjavík an der Westküste zu Amerika gehören, den Flecken Vik, kaum hundert Kilometer östlich, aber zu Europa.

Auf zwei Stühlen gleichzeitig zu sitzen hat zur Folge, dass der Riss dazwischen immer wieder mal die Erde unter Island beben lässt. Dabei wird aber die Fünf auf der Skala des Herrn Richter ziemlich selten erreicht. Die an das Grummeln unter ihren Füßen gewöhnten Menschen hier nehmen es mit einem Schulterzucken hin, wenn ihr Kronleuchter wieder mal ins Schwingen gerät. In der Nacht zum 24. August 1997 flüchteten in Hveragerði 50 zu Besuch weilende Athleten aus Japan, einer ja gleichermaßen bebengeschüttelten Ecke der Welt, in Unterhosen für ein paar Stunden auf die Straße. Schließlich waren sie darauf konditioniert, beim ersten Erdstoß spornstreichs jegliches Gebäude zu verlassen. Von den Einheimischen aber ließ sich derweil kaum einer blicken.

Das heißt nun aber nicht, dass ein schweres Beben auf der Insel auszuschließen wäre. 1976 richtete eines mit der Magnitude 6,2 erhebliche Schäden im Dorf Kópasker an der Nordküste an. Im Süden wurde das letzte starke Beben mit der damals noch geschätzten Magnitude 7 im Jahr 1912 registriert. Diese seismisch unruhigste Region der Insel ist ausgerechnet die am dichtesten bevölkerte. Denn hier liegt die Hauptstadt Reykjavík, in deren Großraum fast 200 000 Menschen leben. Deshalb ließ man bei der bisher größten Katastrophenschutzübung auf Island Helfer trainieren, was bei einem Beben Stärke 7 mit dem Epizentrum nahe der Metropole zu tun sei. Sogar russische Experten hatte man dazu einfliegen lassen. Diese hatten ein komplettes Hospital dabei, das an Fallschirmen über jedem noch so unwegsamen Gelände niedergehen konnte.

Feuer und Eis im fortwährenden Widerstreit

Doch zurück zur Genesis im Nachhinein. Da hatte Gottvater wohl auch nicht so recht bedacht, welchem der Elemente er eigentlich den Vorrang auf dem Neuland geben sollte – dem Eis oder dem Feuer. Immerhin kratzt der Polarkreis noch gerade den allerhöchsten Norden, was wohl eher für das Eis sprach. Also bedeckte er den zehnten Teil der Insel mit sechs Riesengletschern. Es sind überwiegend mächtige, flach gewölbte Eismassen, die Inlandeisfelder, die die Landschaft völlig unter ihrem Kältepanzer begraben. Nur ein paar Felsgipfel ragen als Bergspitzen, Nunataks, aus ihm heraus. Allein der Eisschild des Vatnajökull mit seinen gleich zwanzig Gletscherzungen macht sich als das größte Eisfeld Europas auf 8300 Quadratkilometern breit, wobei es eine Mächtigkeit von über einem Kilometer erreicht. Das insgesamt auf der Insel lastende Eis ließ sie zur drittgrößten Gefriertruhe der Welt werden, nach der Antarktis und dem benachbarten Grönland.

Doch im Untergrund, selbst unter dem Eis, brodelt und brutzelt immer noch kräftig die Erdenglut, die Island entstehen ließ und es dann auch zur größten aktiven Vulkanregion auf dem Erdball machte. Und so wetteifern denn beide Urgewalten bis heute unablässig miteinander und modellieren noch immer, und das zumeist konträr, jede auf ihre Weise kräftig an Islands Gesicht herum. Die heiße Insel am kalten Polarkreis befindet sich in einem fortwährenden Zustand der Schöpfung.

Gigantische Gletscherkappen mit reißenden Schmelzwasserströmen also hier, Vulkane als unermüdliche Lava- und Asche-Speier dort. Und wo beide dann aufeinandertreffen, vereinen sie sich im Wechselspiel von Erdenglut und frostigem Eis zu mächtigen Gletschervulkanen. Bricht einer von diesen aus, folgt dem zumeist ein „Jökulhlaup". Diese als isländische Spezialität geltenden Gletscherläufe lassen mit ihren sintflutgleichen Wassermassen und ihren mitgerissenen Eisquadern in der Größe von Mehrfamilienhäusern kilometerbreite Bahnen der Verwüstung auf ihrem Weg zum Meer hinter sich zurück. Im Gebiet der großen Sander an der Südostküste muss nach jedem Hlaup die Landkarte neu gezeichnet werden; nichts mehr ist dann, wie es vorher war. Die Metapher „Insel aus Feuer und Eis“ ist zwar reichlich abgegriffen, darum aber nicht minder zutreffend.

Islands späte Geburt geschah erst vor geradezu bescheidenen 16 Millionen Jahren. Anderenorts waren da die Saurier längst ausgestorben, und in der Niederrheinischen Bucht waren die Mammutbäume und Sumpfzypressen schon dabei, tief unter Sedimenten begraben sich in die spätere Ruhrkohle zu verwandeln. Verglichen mit dem erdhistorisch greisen Nachbarn Grönland, dessen Urgestein seine vier Milliarden Jahre auf den Granitbuckeln hat, steckt diese jüngste Landmasse unseres Planeten noch immer im Strampelanzug.

Und wie es sich für ein Kind im entsprechenden Lebensalter gehört, wächst Island weiterhin von seiner Mitte her entlang des großen Risses nach Osten und nach Westen. Etwa 50 Jahre braucht es für jeden Meter, den es da an Breite zulegt. Seit der norwegische Exil-Wikinger Ingolfur Arnarson als Urvater der isländischen Nation im Jahre 874 das erste Torfhaus auf das Lavagestein setzte, hat sich die Insel um einen Landstreifen von 25 Metern verbreitert. Dazu steigt gelegentlich auch noch vor Islands Küsten das eine oder andere neue Eiland aus den Wellen – wie erst 1963 mit der Vulkaninsel Surtsey geschehen. Diese hat Islands Gesamtfläche von 103 020 Quadratkilometern immerhin um zwei weitere vergrößert.

Sicher, die Geowissenschaft sieht die Genesis dieses eigenwilligen Landstrichs um einiges nüchterner und zugleich um vieles komplizierter. Sie bemüht dafür die Theorie der Plattentektonik, die wiederum auf Alfred Wegeners These vom Driften der Kontinente beruht. Für die Entstehung Islands entscheidend war aus Geologensicht dessen besondere geografische Position. Nämlich unmittelbar auf dem submarinen Mittelatlantischen Gebirgsrücken, der sich mehr als 20 000 Kilometer weit nordsüdwärts durch den Ozean hinzieht. Dieser Rücken ist eine Art Dehnungsfuge zwischen den Rändern der gigantischen Erdkrustenplatten, deren eine den nordamerikanischen Kontinent trägt und deren andere den eurasischen. Diese Platten schwimmen auf dem glutflüssigen Erdkern. Und da sie hier mit aller Macht auseinanderdriften, ist der dabei aufreißende Saum zwischen ihnen eine vulkanisch besonders aktive Zone. Die häufigen submarinen Eruptionen produzieren gigantische Mengen von Magma. Dieses spreizt den Meeresboden und türmt sich nach dem Erkalten zu Hochgebirgen unter Wasser auf.

Doch das allein hätte noch nicht für das Hinauswachsen über den Meeresspiegel ausgereicht. Dazu bedurfte es zusätzlich noch eines sogenannten „Hot Spots“, einer geophysikalischen Anomalie in der Erdrinde, die glutflüssiges Magma aus den Tiefen des Erdmantels bis in die Erdkruste vordringen lässt. Davon gibt es nicht viele im Nordatlantik. Island aber sitzt mitten auf einem solchen Hot Spot.

Dieser Feuertopf hat einen Durchmesser von etwa 200 Kilometern, und er reicht 450 Kilometer hinab ins Erdinnere. Vor 20 Millionen Jahren hatte sein Glutgestein damit begonnen, den Meeresboden von unten wie ein Schneidbrenner zu durchdringen. Und nur an dieser einen Stelle konnte sich der ozeanische Rücken dank des zusätzlichen „Baumaterials“ mit einem bescheidenen Stückchen aus dem Wasser herausrecken – als eine Insel, die ihren höchsten Gipfel, den Hvannadalshnúkur, immerhin stolze 2119 Meter hoch gen Himmel streckt. Wo es dagegen keinen solchen Hot Spot gibt, müsste das submarine Hochgebirge im Nordatlantik noch weitere 4000 Meter an Höhe zulegen, um überhaupt nur mal aus dem Meer schauen zu können. Das lässt ahnen, welche Mengen an Lava für den Sockel nötig waren, der Island über Wasser hält.

Ein ausgesprochen unruhiger Platz also, auf dem Island liegt. Die Geologen schätzen, dass es hier allein seit der Zeit der Besiedlung vor elfhundert Jahren 200 bis 250 Vulkanausbrüche gegeben hat, aus mehr als 50 verschiedenen Schlünden, die zu 30 aktiven Vulkansystemen gehören. Das heißt, dass im Durchschnitt alle fünf Jahre einer der Feuerspeier aktiv war. Der dabei ans Tageslicht beförderte Auswurf an Eruptivgestein hat nach den Hochrechnungen der Morphologen ein Volumen von fast 42 Kubikkilometern, was immerhin einem Würfel entspricht, der auf einem Geviert von 6,5 Kilometern Kantenlänge auch noch 6,5 Kilometer hoch gen Himmel ragen würde. Ein Drittel der gesamten Weltproduktion an Lava, die in den letzten elfhundert Jahren erfolgte, stammt von dieser winzigen Nussschale im Nordmeer. So ist Island, das fast ausschließlich aus dunklem bis pechschwarzem Lavabasalt besteht, die größte Insel der Welt mit rein vulkanischem Ursprung. Auch die noch immer fortwährende Aktivität des großen Erdfeuers würde ihr einen ersten Platz im Guinnessbuch der Rekorde einbringen.

Das friedliebende Eiland im permanenten Krieg

„Es ist recht aufregend, in Island mit der Natur zusammenzuleben", schreibt Halldór Kjartansson in seinem „Wegweiser durch die Geologie Islands". „Die Naturgewalten sind hier unbändiger als auf den ruhigen Kontinenten. Ihnen verdanken wir die eindrucksvolle Landschaft und die einmaligen geologischen Phänomene, aber auch unheimliche Katastrophen mit großen Verwüstungen." Eine solche Katastrophe in jüngster Zeit war im Januar 1973 der Ausbruch eines neuen Vulkans auf der Insel Heimaey. Er begrub fast die Hälfte der 5000-Seelen-Stadt gleichen Namens unter Lava oder einer viele Meter dicken Anhäufung von schwarzer Asche. „Die Vulkanausbrüche und Erdbeben, das waren und sind unsere Kriege. Und wie in jedem Krieg ist der Verlierer immer die Bevölkerung. Die Liste der Niederlagen ist da lang – aber danach hat sich das Volk immer wieder aufgerichtet", liest man bei Kjartansson. Die folgenschwerste Niederlage musste die Insel beim acht Monate dauernden „Skafta-Feuer" 1783/84 hinnehmen. Dabei mussten 9000 Isländer ihr Leben lassen – ein Fünftel der damaligen Bevölkerung, dazu 200 000 Schafe, 28 000 Pferde und 11 400 Rinder. Die Insel war derart zerstört, dass der dänische König ernsthaft erwog, die verbliebenen Isländer nach Jütland umzusiedeln.

Surtur, der nordische Feuergott, ist bis in unsere Tage allgegenwärtig – und es müssen nicht immer gleich spektakuläre Vulkanausbrüche sein, mit denen er an seine Anwesenheit erinnert. An vielen Orten der Insel lässt er es auch ständig aus irgendwelchen unterirdischen Feuertöpfen brodeln, blubbern und dampfend fauchen.

Heiße Quellen versorgen einen Großteil aller Isländer mit wohltemperiertem Badewasser und Fußbodenheizung – in der Hauptstadt Reykjavík reicht es sogar noch zum Beheizen der Bürgersteige im Winter, was das Schneefegen erspart. Geothermale Elektrizitätswerke lassen einen Großteil der isländischen Lampen leuchten. Auch für Tourismus sorgt der heiße Untergrund. „Es gibt Quellen, da ist die Gewalt des Aufkochens so groß, dass sie aus sich heraus das Wasser hoch in die Luft speien", wusste schon vor 750 Jahren der Autor des norwegischen „Königsspiegels". So gab der Große Geysir im Haukatal allen Springquellen der Welt seinen Namen als Gattungsbegriff. Der deutsche Naturforscher Robert Bunsen reiste 1846 eigens nach Island, um an ihm das Phänomen des Fontänenblasens zu erforschen. Er fand heraus, dass die hohe und schwere Wassersäule im Schlot wie ein Deckel auf einem Kochtopf wirkt. Sobald der Dampfdruck in dem Topf mit kochendem Wasser zu groß wird, hebt sich dieser Deckel für einen kurzen Augenblick. Beim Geysir reicht das aus, um eine riesige Fontäne aus Dampf und Siedewasser gen Himmel steigen zu lassen.

Noch im 18. Jahrhundert soll der Große Geysir, wie ein dänischer Reisender schrieb, seine Fontäne höher in die Luft geblasen haben, als es jeder Turm in Kopenhagen war. 1938 brachte er es immerhin noch auf stolze 60 Meter. Doch mittlerweile hat sich der Großvater aller Geysire zur Ruhe gesetzt, und er lässt sich auch nicht mehr mit einem halben Zentner grüner Seife, die die Oberflächenspannung verändert, zum Speien bewegen, wie er es noch vor 30 Jahren gelegentlich tat. Das überlässt er ganz seinem Enkel „Strokkur“ gleich nebenan, der heute im Haukadalur mehrmals in der Stunde mit seinen 20 Meter hohen Fontänen aus kochendem Wasser die aus aller Welt anreisenden Touristen erfreut.

Anderenorts kocht das Erdreich selbst – am eindrucksvollsten in der stinkenden Höllenküche des Námaskarð im Norden der Insel. Hier ist der gewaltsam austretende Schwefeldampf dabei, einen ganzen Bergrücken zu einer zähflüssigen, blaugrauen Ursuppe zu zerkochen. In großen Schlammkesseln wallt sie schmatzend und seufzend in dicken Blasen auf. Diese zerpuffen und schleudern den Brei in skurrilen Gebilden mannshoch in die Luft. Eine besonders eindrucksvolle Beschreibung dieses Phänomens stammt aus der Feder der Berlinerin Ina von Grumbkow, deren Ritt im Sommer 1908 durch Islands gottverlassene Lavawüstenei im Inselinneren in dem danach veröffentlichten Island-Buch „Isafold“ beschrieben wird. Der Titel wurde zu einem Bestseller: „Unermüdlich Tag und Nacht, Sommer und Winter, Jahr um Jahr vollführen sie, jedes im eignen Rhythmus, ihr sonderbar schnaubendes Gestöhn, atmen sie pustend und seufzend und zerplatzen spritzend die sich glockenförmig bis zu 1/4 Meter hochwölbenden Kochblasen des graublauen, zähflüssigen Tons.

Während einzelne in jeder Minute in bescheidenem Maße ihre Tätigkeit ausführen, sammeln andere unterdrückt keuchend scheinbar Kräfte zu einer außerordentlichen Explosion, die dann auch nach kurzer Zeit unter besonders hochaufspritzendem Schlamm erfolgt. Und doch mag sie wie tausend und abertausend ihrer Vorgänger dem armen Pfuhlchen nicht die ersehnte Erleichterung verschafft haben, denn sofort schickt es sich asthmatisch seufzend wieder an, sorgfältigst einen gleichen Ausbruch vorzubereiten; – wiederum werden seine geringen Kräfte ihm die Enttäuschung bereiten, dass es nicht die Fähigkeit besitzt all die Rätsel, die tief unter ihm wühlen, durch eine vehemente Eruption für ewige Zeiten zum Schweigen zu bringen. Eine, trotz erfolgloser Arbeit von Jahrhunderten, unermüdete Geduld, die, ohne sich eines Zweckes bewusst zu sein, im engen Kreise die durch elementare Gewalten vorgeschriebenen Funktionen erfüllt. Im Umkreis des kochenden Sees zitterte der Boden, tief sank der Fuß ein in den warmen und feuchten Ton, aus der Tiefe drangen unheimlich dröhnende Laute, die nicht zu längerem Verweilen lockten."

Das ewige infernalische Sieden in den Fumarolen und Solfataren vollzieht sich nicht selten vor einer besonders farbenprächtigen Kulisse: Die Aussinterungen und mineralienbeladenen Niederschläge lassen die benachbarten Berghänge die Palette von Schwefelgelb über sattes Ocker bis hin zu feurigem Rot annehmen – eine archaisch anmutende Landschaft.

Oder war die grimmige Midgardschlange im Spiel?
Island, der einzigartige und eigenwillige Erdenzipfel am Rande der bewohnten Welt: eine gezielte Nachbesserung aus Schöpferhand? Ein Resultat des zufälligen Zusammentreffens geophysikalischer Aktivitäten am atlantischen Rücken? Oder war da nicht sogar noch – geht es doch um die Heimstatt vormaliger Wikinger – die grimmige Midgardschlange im Spiel? Die schlingt sich nach altnordischem Götterglauben auf dem Grund des Meeres rund um den Erdball und speit gelegentlich mit feurigem Brodem Gift und Galle (Vulkane?) und schlägt wütend mit ihrem Schwanz (Erdbeben?). Doch was auch

immer es war, das Island auf die Weltkarte brachte, die Genesis dieses Erdenzipfels ist einzigartig. So ist denn auch die ganze Beschaffenheit der Insel eine besondere. Und deren Bewohner stehen dem in nichts nach.

Von Letzteren registrierte die Statistik am 1. April 2008 exakt 316 252, genauso viele wie die Stadt Bonn an Einwohnern zählt. Würden sich diese ganz gleichmäßig über die 100 000 Quadratkilometer verteilen, die da aus dem Atlantik ragen – also über eine Fläche von der Größe der neuen Bundesländer –, dann hätten jeweils drei Isländer einen ganzen Quadratkilometer für sich allein. In Deutschland müssten sie sich diesen mit noch 200 weiteren Einwohnern teilen. Allerdings drängeln sich die Isländer vorwiegend im Dunstkreis der Hauptstadt und im milderen, fruchtbaren Südwesten oder aber auf einem schmalen Saum entlang der Küsten. Das ganze, weite, wilde Innere der Insel dagegen ist unbewohnt und unbewohnbar mit seinen grenzenlosen Lavafeldern und Aschewüsten, den Vulkankegeln, Tafelbergen und Kraterseen, den Treibsandebenen, dem schroffen, rauen Hochland, den Kilometer mächtigen Eispanzern und zerklüfteten Gletscherzungen (was alles zusammen vier Fünftel Islands einnimmt). „Das geografische Zentrum ist ein karges, (menschen)leeres Hochland. Eine Wüste, überzogen vom Ausschlag schrundiger, nackter Bergstöcke, die das Gletschereis nur widerwillig und mit langen Schürfwunden freigibt, und platzender Geschwüre der Erdkruste, aus denen zuweilen breite Ströme von Lava quellen", schreibt Karl-Ludwig Wetzig, einer der besten deutschen Islandkenner.

Aus diesem Ödland mit seiner endlosen, wie für die Sagas geschaffenen Einsamkeit hat keine andere Region die Fantasie der Isländer mehr beflügelt als das Ódáðahraun – die düstere „Missetäter-Lava", die allein fast 5000 Quadratkilometer bedeckt und damit die größte vulkanische Wüste der Welt ist. Hier waren nach den Sagas nicht nur die Riesen und Unholde zu Hause, in ihr fristeten auch die Gesetzlosen und Vogelfreien ihr elendes Dasein als Ausgestoßene. Meist setzten Hunger und Kälte den Geächteten ein frühes Ende. „Ewiges Schweigen hütet auch hier die Geheimnisse der unberührten Natur. Kein Wechsel wandelt durch diese Zonen, nur Sonne, Stürme, Nebel und Schnee schmücken sie oder verhüllen sie in Grauen. Mit einem Ewigkeitshauch streifen uns die Vergangenheit, Gegenwart und Zukunft, die ohne Grenzen ineinander fluten", notierte Ina von Grumbkow über ihren Ritt durch die Wüste der Missetäter.

Eine gottverlassene, trostlose Ödnis. Aus ihr ragt majestätisch der abgeflachte Kegel des Tafelvulkans Herðubreið 1682 Meter empor, wie eine uneinnehmbare Felsenburg, weithin sichtbar mit seiner weißen Eiskappe auf dem Gipfelplateau. Er galt als das mythologische Asgard, der Sitz des Geschlechts der Asengötter und deren kopfstarkes Dienstpersonal einschließlich Sleipnir, des achtbeinigen Rosses von Odin, und des Eichhörnchens Ratatöskr, das für die stetige Verbreitung von üblen Nachreden am Asenhof zuständig war.

Nicht eine einzige befestigte Straße führt hinein in diese große Wüstenei im Inselinneren, geschweige denn als Transversale durch sie hindurch quer über die ganze Insel. Da muss man sich mit ein paar schotterigen, abenteuerlichen Waschbrettpisten zufriedengeben, die allein schon wegen des mehrfach erforderlichen Durchfurtens von reißenden, schlammtrüben Gletscherströmen den allradgetriebenen Offroadern vorbehalten sind. Sonst bleibt da nur die legendäre Ringstraße Nr. 1, die seit 1974 fast 1500 Kilometer lang die ganze Insel in Küstennähe umrundet. Auf ihr muss man von Höfn im Südosten nach Blönduós im Nordwesten 657 Kilometer hinter sich bringen, obgleich die beiden Orte querfeldein nicht einmal 300 Kilometer trennen.

Auch das Wasser will nicht abseits stehen

Neben dem Feuer und dem Eis beteiligt sich noch eine dritte Urgewalt an der permanenten Neugestaltung des

Gesichts der jungen Insel – das Wasser. Da sind zum einen die mächtigen Ströme von Schmelzwasser, die den Gletscherrändern in Richtung Meer entfließen. Die vielen Millionen Tonnen von Sedimenten, die sie dabei Jahr um Jahr talwärts transportieren, trüben ihr Wasser grün-milchig. Diese Flüsse konnten sich erst mit dem Zurückweichen der Eiszeitgletscher vor 10 000 Jahren an ihre einschneidende und ausgleichende Arbeit machen. Seither schmirgeln und schleifen und spülen sie sich ihre Betten in den harten Basalt und stürzen dann in immer neuen Wasserfällen und Kaskaden zu Tal. Sehr viel haben sie in ihrer „kurzen" Lebensdauer noch nicht bewirken können. Sehr zur Freude aller Islandbesucher. Denn dort, wo die harten Basaltschichten an den Fallkanten der Steilhänge dem ewigen Schmirgeln noch immer standhalten, donnern die Wassermassen in majestätischen Katarakten in die Tiefe. Mit 200 Kubikmetern in jeder Sekunde ergießt sich die Jökulsá á Fjöllum im Dettifoss auf hundert Metern Breite und fast 50 Meter tief in eine Schlucht. Das macht den „Detti" zum wasserreichsten Fall in Europa, während sein Vetter, der zweikaskadige Gullfoss („Goldfall"), als der schönste gilt.

Ziel aller Flüsse ist das Meer. Wenn auf dem Weg dahin ihre Kraft beim Austritt aus den Felsschluchten abnimmt, lassen sie ihre mitgerissene Geröllfracht und ihren Sand auf dem Küstensaum hinter sich zurück. Das hat vor allem an der Südostecke im Vorland der riesigen Vatna- und Mýrdalsgletscher weite, vegetationsfeindliche Sander immer mehr in die See hinauswachsen lassen. Aufgefächert in ein Netz von weit verzweigten, kleineren Flussarmen, Bächen und Gräben suchen sich die Gletscherströme durch diese schwarzen Schotterwüsteneien ständig neue Ausflusswege ins Meer.

Und so haben es die Isländer überhaupt erst 1974 mit einem größeren Kraftakt zur Zwölfhundertjahrfeier der Besiedlung geschafft, die hier noch klaffende Lücke in der Ringstraße Nr. 1 durch eine ganze Kette von vielen Kilometer langen Holzbrücken zu schließen. Bis dahin waren diese Sander-Flüsse einzig und allein schwimmend zu queren – und zwar auf dafür eigens gezüchteten, besonders kräftigen Pferden. Allerdings gab es im Oktober 1996 den mächtigsten Gletscherlauf seit einem halben Jahrhundert. Seine sintflutgleichen Wassermassen rissen innerhalb einer Stunde große Teile der Brücken fort und spülten die Straßendämme ins Meer. Nach einem Flug über das verwüstete Gebiet beklagte Premierminister David Oddsson: „In nur vier Stunden hat uns diese Katastrophe im Straßenbau um 25 Jahre zurückgeworfen."

Unverdrossen arbeitet das Meer

Island ist eine Insel, der die nimmermüde, hochgehende Brandung des Atlantiks nur selten eine Ruhepause gönnt. Gegen ihre 4970 Kilometer lange Küste rennen die Brecher ohne Unterlass an, zermalmen Felswände, waschen Grotten, Tore und Spalten aus dem Gestein, lassen Klippen und Schären zurück, schieben Geröll zu Strandwällen auf, verschließen Buchten und Fjorde durch Nehrungen. Unverdrossen arbeitet das Meer an der Veränderung der Küstenregionen und lässt es dabei an landschaftlicher Vielfalt nicht mangeln. Weite, schwarze Strände und die Geröllwüste der Sander kennzeichnen die Südküste. Das Gebirgsmassiv der Ostküste ist zerkerbt durch ein knappes Dutzend kurzer, schmaler Fjorde, der Norden stark gegliedert durch Halbinseln, Landzungen, Buchten und breite Fjorde. 40 Kilometer vor dieser Küste ragt dann noch die Insel Grimsey als Islands nördlichster Vorposten bis zu 110 Meter hoch aus dem Meer, und nur diese wird vom Polarkreis durchschnitten. Wobei man gern erzählt, dass der mitten durch das Schlafzimmer des Inselpastors führt. Doch kann ich nach eigener Inaugenscheinnahme versichern, dass solches in den Bereich der Fama fällt.

Die Westküste Islands zeigt sich mit zwei sehr unterschiedlichen Gesichtern. Die südliche Hälfte umschließt mit ihren beiden weit in das Meer hinausgeschobenen Halbinseln Reykjanes und Snæfellsnes die riesige Faxabucht und die Irmingersee. Es ist eine überwiegend flache Uferlandschaft, in die nur zwei größere Fjorde einschneiden. Der sehr schmale Snæfellsnes zeigt wie ein 80 Kilometer langer Finger in Richtung Grönland. Von ihm wird gesagt, dass er die ganze Vielfalt Islands wilder Natur auf seinem Rücken vereint: Vulkane und Gletscher, raue Gebirge und grüne Weiden, Wasserfälle, heiße Quellen, Felshöhlen, Lavawüsten, schroffe Küsten und schwarze Strände. Über allem hebt der majestätische Snæfellsjökull seinen eisbedeckten Gipfel gen Himmel.

An die Nordküste von Snæfellsnes branden die Wogen des Breiðafjords, der von seinen Ausmaßen eher schon eine Meeresbucht ist. Jenseits dieses Wassers dann die andere Hälfte der Westküste – eine riesige, von fast 50 Fjorden zerrissene und zerfurchte Halbinsel. Wie eine vielfingerige, gespreizte Tatze streckt sie sich weit in die Grönlandsee hinein. Fast wäre sie zu einer eigenen Insel geworden, wenn es denn die drei Nachttrolle geschafft hätten, ihren Graben zwischen dem Land der Nordwestfjorde und dem übrigen Island fertig auszuheben. Doch wie die Sagas wissen wollen, misslang ihr Vorhaben. Denn in ihrem wütenden Eifer hatten sie auch beim Aufgang der Sonne nicht vom Graben abgelassen. Und da Trolle nun mal zu Stein erstarren, wenn sie auch nur das kleinste Blinzeln des Tagesgestirns trifft, erstarrten sie unverrichteter Dinge zu drei Basaltsäulen, als welche man sie heute noch besichtigen kann. Von ihren nächtlichen Bemühungen zeugt noch der in den Breiðafjörður und in den Kollafjörður geschaufelte Aushub in Form vieler Inseln und Schären in diesem Gewässer.

Látrabjarg – die grandiose Westecke Europas
Gerade mal 300 Kilometer trennen hier Island von Grönland. Für diesen äußersten Westzipfel Europas hatte sich der Herrgott noch eine besonders grandiose Küstenformation vorbehalten – den Látrabjarg. Auf 14 Kilometer Länge ragt seine basaltene Felswand wie mit dem Senkblei zugeschnitten bis 441 Meter völlig lotrecht aus den Meeresfluten. Diese gigantische Kliffküste, die sich als eine der ältesten Ecken von Island aus fast 50 Lagen erkalteter Lavaströme aufgeschichtet hat, ist eine einzigartige Naturkulisse. Und sie ist auch einer der größten Vogelfelsen der Welt. Für Millionen von gefiederten Durchreisenden ist sie in den kurzen arktischen Sommern die Kinderstube, in der sie ihre Jungen ausbrüten und großziehen. Denn unmittelbar vor dem Mammutkliff mischen sich auch noch die nördlichsten Ausläufer des warmen Golfstroms mit dem Kaltwasser des Grönlandmeeres, was gewaltige Planktonmassen wachsen lässt. Die wiederum locken riesige Fischschwärme an, und so gibt es hier für die fliegenden Sommergäste und ihre Nachkommen einen überreich gedeckten Tisch.

Natürlich profitiert auch der Mensch vom üppigen Segen des Meeres. Doch ist diese stürmische Ecke bei den Fischern als eine der gefährlichsten Passagen in Islands Gewässern verrufen. Immer wieder gibt es hier Schiffsunglücke. Besonders dramatisch verlief im Dezember 1947 die Strandung des britischen Fischtrawlers „Dhoon“ in der hochgehenden Brandung direkt vor der Steilwand des Látrabjargs. Erst 36 Stunden nach dem ersten gefunkten SOS hatten es die Bauern aus dem „nächsten“ Dorf geschafft, bis an den Kliffrand zu kommen. Denn in dichtem, stürmischem Schneetreiben und in Dunkelheit mussten sie die Rettungsausrüstung mehr als 20 Kilometer weit über völlig unwegsames Gelände auf dem Pferderücken herbeischaffen.

Dann seilten sich die Retter auf einen Felsvorsprung in der Steilwand auf 80 Meter über der Brandung ab, wo sie ein Lager errichten konnten. Vier von ihnen ließen sich bis zum Wasser hinab und schossen mit einer Leinenrakete ein Seil zu der 70 Meter entfernten „Dhoon". Zwölf der 15 Seeleute konnten dann mithilfe einer Hosenboje geborgen und mit dem Seil in das Basislager in der Felswand hochgezogen werden. Dort mussten alle übernachten, bevor man die Geretteten dann in vielstündiger Arbeit bis auf den Klippenrand hieven konnte. Alles in allem hatte die Aktion drei dramatische Tage gedauert. Als dann ein isländischer Filmproduzent ein Jahr später die spektakuläre Rettung nachstellte, strandete mitten in die Dreharbeiten hinein erneut ein britischer Trawler. Wieder musste die Mannschaft bei Schneesturm in gleicher Weise über die Felswand in Sicherheit gebracht werden, und auch einige der Retter aus dem vergangenen Jahr waren wieder dabei. Dabei gab es auf beiden Seiten, sowohl bei den Schiffbrüchigen als auch bei den Rettern, Todesopfer.

Und noch ein Nachschlag zur wundersamen Genesis

Am 14. November 1963 muss der große Weltenschöpfer wieder mal sinnend aus seinem Himmelsfenster auf den Nordatlantik geschaut und festgestellt haben, dass da oben auf Position 63° 30´ nördlicher Breite, 20° 62´ westlicher Länge ja immer noch eine Insel zu wenig existierte. Über sich selbst verärgert, machte er kurzen Prozess. In nicht einmal 24 Stunden menschlicher Zeitrechnung ließ er mit kräftiger Anstrengung eines submarinen Vulkans 30 Kilometer vor Islands Südküste einen Aschebuckel aus den Wogen wachsen. Und der brauchte dann auch nur dreieinhalb Jahre Wachstum und Verfestigung, um als eine ordnungsgemäße Insel auf den Seekarten verzeichnet zu werden. Sie erhielt den Namen Surtsey, den die Isländer von ihrem alten Feuergott Surtur abgeleitet hatten.

Die Männer auf dem Trawler „Isleifur II" hatten zunächst an einen in Brand geratenen Tanker gedacht, als sie kurz nach Sonnenaufgang an jenem 14. November 1963 beim Einholen ihrer Netze eine riesige schwarze Rauchwolke aus dem Meer aufsteigen sahen. Aber Kapitän Gudmar Tomasson konnte sich sehr schnell vergewissern, dass weit und breit kein Schiff SOS gefunkt hatte. Und da sich auch bald Schwefelgeruch breitmachte, war den Fischern klar, dass sie die ersten Zeugen eines Vulkanausbruchs unter dem Meer waren.

Wochenlang hielten die Eruptionen an und schleuderten ihre Aschesäulen oft bis zu zwölf Kilometer hoch in die Atmosphäre. Der pausenlose Nachschub an Tephra ließ die Insel nach 14 Tagen schon auf 1000 mal 650 Meter Fläche anwachsen – kaum zwei Monate danach hatte der Vulkan mit seinen zwei Kratern sogar schon eine Höhe von 175 Meter erreicht. Doch noch musste man damit rechnen, dass das relativ lockere Baumaterial Asche auch bald wieder der ständigen Erosion durch Stürme und Brandung zum Opfer fallen und Surtsey wieder in den Wogen verschwinden würde. Doch im April 1964 stellte der Hauptkrater überraschend seine Auswurfproduktion von Tephra auf kochende Lava um. Diese überdeckte dann bis zum endgültigen Ende der Eruptionen im Juni 1967 das neue Land mit einem dicken steinharten Schutzpanzer. Insgesamt waren aus dem hier 125 Meter tiefen Meer 1,1 Kubikkilometer Tephra und Lava an die Oberfläche befördert worden – was Surtsey auf 2,7 Quadratkilometer bis zu 175 Meter hoch anwachsen ließ.

Diese überraschende Geburt einer neuen Insel hatte es besonders gut mit den Geowissenschaftlern gemeint. Denn wie in einem riesigen Laborversuch hatte sich die Entstehung Islands im Zeitraffer wiederholt – zum exakten Nachmessen und Dokumentieren aller Entwicklungsphasen. Nie zuvor hatten sie die Möglichkeit gehabt, die geophysikalischen Vorgänge in der Driftzone des Mittelatlantischen Rückens so unmittelbar mitzuverfolgen wie hier. Doch nicht nur für sie war die Entstehung Surtseys ein einzigartiges Geschenk.

Auch für ihre Kollegen von der biologischen Zunft wurde Surturs Insel zu einem Freiluftlabor ohne Beispiel. Denn sie konnten von der Stunde Null an Schritt um Schritt mitverfolgen, wie sich auf einem absolut jungfräulichen Stückchen unseres Erdballs Leben entwickelt und ein neuer Lebensraum besiedelt wird. Zu diesem Zweck wurde die Insel unter strengste Quarantäne gestellt, damit keinerlei menschengemachte Einschleppung von Flora und Fauna erfolgte. Die Bilanz nach 40 Jahren: Seehunde, Kegelrobben, fast 90 Vogelarten, mehr als 130 verschiedene Spezies von Fliegen, 60 Arten höhere Pflanzen wie auch viele Algen, Flechten, Moose, Pilze, Schmetterlinge, Spinnen und Käfer haben Surtsey als einen Lebensraum für sich entdeckt – unter ihnen auch der *Lumbricus terrestris*, der Gemeine Regenwurm.

Ob ihnen ihr Biotop allerdings auf Dauer erhalten bleibt, gilt mittlerweile als sehr fraglich. Denn nach den jüngsten Vermessungen hat die Erosion die Fläche Surtseys trotz des Lava-Panzers schon um die Hälfte schrumpfen lassen. Sollte diese Entwicklung so fortschreiten, könnte nach den Hochrechnungen zum hundertsten Geburtstag der Insel vielleicht nur noch ein winziger, öder Felsbuckel draußen im Meer an das feurige Naturspektakel vom 14. November 1963 erinnern. Auf Island ist alles möglich.

Der Königsspiegel – Konungsskuggsja: Die Stätte der Pein

Der als ein Erziehungs- und Bildungsbuch für die Höflinge des norwegischen Königs Hakon Hakonarson (1217–1263) gedachte „Königsspiegel" bedient sich für den Transport des Wissens und der Informationen des Frage-und-Antwort-Spiels zwischen Vater und Sohn. Ein wichtiger Themenbereich ist dabei die geografische Beschaffenheit der zum Königreich Norwegen gehörenden Gebiete – darunter auch die der Insel Island.

Die isländischen Vulkane

Sohn: Was denkt Ihr über die mächtigen Feuerausbrüche, die dort so übergewaltig sind in dem Lande. Entstehen sie wohl aus einer gewissen Eigenart des Landes, oder kann es sein, dass sie eine geistige Ursache haben? Und was meint Ihr über die schrecklichen Erdbeben, die dort entstehen können, oder über die wundersamen Gewässer oder die Eismassen, die das ganze obere Land bedecken.

Vater: Was die Eismassen angeht, die in Island sich finden, so meine ich, dass das Land seine Lage entgelten muss, da es in der Nähe von Grönland liegt, und es ist zu erwarten, dass von dorther starke Kälte herströmt, weil es mehr als alle andern Länder von Eis bedeckt ist. Und weil nun Island von dort große Kälte erhält und dabei noch wenig Wärme von der Sonne, so hat es deshalb diese große Masse Eis auf seinen Gebirgen. Betreffend das Feuer, das dort zum Ausbruch kommt, weiß ich weniger, was ich darüber sagen soll, denn seine Natur ist seltsam. Ich habe in Sizilien erfahren, dass dort gewaltiger Ausbruch des Feuers vorkommt, es verbrennt Holz und Erde. Es wird im Dialogus gesagt, der heilige Gregorius habe behauptet, dass die Stätte der Höllenpein in Sizilien, in dem dortigen Feuer sei; indessen hält man es für wahrscheinlicher, in dem Feuer, das in Island ausbricht, da sei vielmehr die Stätte der Pein. Denn das Feuer, das in Sizilien ist, zieht an sich zu seiner Nahrung Lebendes, indem es Erde und Holz verbrennt. Das Holz ist lebendig, es wächst und erzeugt grünes Laub, und dann verfällt es und verdorrt, wenn es abstirbt. Man darf es also lebendig nennen, solang es grün ist, da es gleich stirbt, wenn es verfällt. Auch die Erde darf man allerdings lebendig nennen; sie erzeugt zu gewissen Zeiten großes Wachstum, und sobald dies niedergefallen ist, so erzeugt sie neues Wachstum. Ebenso ist es mit jedem körperlichen Geschöpf, das lebendig ist; es entstammt der Erde und deshalb darf man sie lebendig nennen. Also diese beiden Dinge, Holz und Erde, verbrennt das sizilische Feuer und nimmt es als Nahrung zu sich. Aber das Feuer, das in Island ist, das verbrennt Holz nicht, wenn es auch hineingeworfen wird, und ebenso wenig Erde, aber Steine und harten Fels, das nimmt es als Nahrung zu sich und wird dadurch entflammt so wie anderes Feuer von dürrem Holz, und niemals ist Stein oder Fels so hart, dass er nicht wie Wachs zergehe und dann wie fettes Öl brenne. Aber wenn du Holz in das Feuer wirfst, da schwelt es nur und will nicht brennen. Weil also dieses Feuer sich von nichts anderem nähren will als von toten Dingen (denn wir wissen, dass Stein und Fels etwas Totes sind) und es alles abweist, wovon anderes Feuer sich nährt, da darf man mit Recht sagen, dass dieses Feuer (selbst) tot ist und am ehesten für das Feuer der Hölle angesehen werden kann, denn dort sind alle Dinge tot.

Heiße Quellen

Ebenso meine ich von einigen Gewässern, die sich dort finden, dass sie ihrem Wesen nach gewissermaßen tot sind, wie das Feuer, von dem ich sprach. Es gibt da nämlich Quellen, die immer und immer heftig aufkochen, im Winter wie im Sommer. Nun ist bisweilen die Gewalt des Aufkochens so groß, dass sie aus sich heraus das Wasser hoch in die Luft speien. Und was man dort neben die Quellen legt in der Zeit, wenn sie speien, ob nun Tuch oder Holz oder was es sonst sein mag, das wird alles zu Stein, wenn das Wasser im Niederfallen es trifft. Gerade das macht es mir wahrscheinlich, dass dieses Wasser tot sein mag, weil es alles, was es mit seinem Fallen benässt, zu totem Wesen verwandelt, denn das Wesen des Steins ist tot. Sollte aber dieses Feuer nicht tot sein und entstünde es irgendwie aus der Natur des Landes oder aus (gewissen) Vorgängen, so dürfte das am wahrscheinlichsten sein in Hinsicht auf die Beschaffenheit des Landes, dass sein Untergrund gebildet sein mag mit vielen Adern und leeren Gängen und großen Höhlen. Und dann kann es so geschehen, entweder durch scharfe Winde oder durch die Gewalt des tosenden Wasserschwalls, dass diese Adern oder Höhlen sich mit Winden so anfüllen, dass sie den Stoß des Windes nicht mehr aushalten, und daher kann es kommen, dass die starken Erdbeben entstehen, die in diesem Lande sich ereignen. Wenn nun dies mit einiger Wahrscheinlichkeit und in dieser Art angenommen werden dürfte, da könnte es sein, dass von dem starken Stoß im Untergrunde des Landes das mächtige Feuer entzündet wäre und entstehe, das an verschiedenen Orten des Landes hervorbricht. [...]

Da sind auch die Quellen mit kochendem Wasser, von denen ich zuvor gesprochen habe, ferner kalte Gewässer, die unter den Gletschern mit solcher Masse hervorströmen, dass Fels und Land, die in der Näh sind, erzittern, weil das Wasser mit solcher Wildheit und in so gewaltigen Fällen abstürzt, dass die Felsen beben unter der Übergewalt und Wildheit. Niemand kann an die Uferränder zu einer Untersuchung herantreten, außer man habe ein langes Seil, an das man die bindet, die das Wasser zur Untersuchung beschauen wollen, während andere weitab sitzen zur Hut des Seils, sodass sie jene sogleich zurück zu sich ziehen können, wenn die Wildheit des Wassers ihnen die Besinnung raubt. Nun halte ich für gewiss, wo immer sich solche furchterregenden Erscheinungen mit besonderer Gewalt zeigen, dass da sicherlich Straförter sind und dass Gott so Großes und Schreckliches den Menschen auf der Erde offenbart, damit die Menschen sich umso mehr scheuen und bei sich bedenken, die Pein müsse man sich groß vorstellen, die der Mensch nach seinem Tode erdulden muss, nach dem, was er jetzt im Leben auf der Erde sieht. Vielmehr sollte er das bei sich bedenken, dass alles viel gewaltiger sein wird, das unsichtbar und ihm zu sehen nicht erlaubt ist. Diese Dinge dienen uns zum Zeugnis, dass es nicht erlogen ist, was uns gesagt wird, dass diejenigen Qualen zu erwarten haben wegen ihrer bösen und unrechten Werke, die aus dieser Welt abscheiden und hier sich nicht scheuen wollen, solange sie leben. Es möchten sonst viele törichte Leute denken, es wäre nichts anderes als Lüge und nichts wert, nur gesagt, um Furcht einzuflößen, wenn nicht solche Zeugnisse vorhanden wären, wie ich sie vorhin geschildert habe. Nun aber kann es niemand bestreiten, da er es vor seinen Augen sehen kann; denn solche Dinge werden uns von der Pein in der Hölle berichtet, wie wir sie auf dieser Insel sehen, die Island heißt: da gibt es genug des rasenden Feuers oder Gewalt des Frostes und der Gletscher, kochendes Wasser und die Wildheit eiskalter Ströme. […]

In diesem Lande gibt es sehr viel Erz, aus dem Eisen zu gewinnen ist, und dies Erz nennen die Einwohner *raudi*. Dieses Erz wurde in Menge eines Tages gefunden, und als sich die Leute den nächsten Tag dorthin aufmachten, um es zu schmelzen und Eisen daraus zu gewinnen, da war der *raudi* verschwunden, sodass niemand weiß, wohin er versunken ist, und das wird im Lande das Wunder des *raudi* genannt.

Dann gibt es etwas anderes, das den Menschen wunderbar zu sein scheint. Es wird erzählt, dass es auf Island Quellen gibt, welche die Leute Bierquellen nennen, und zwar deshalb, weil ihr Wasser dem Geruche nach dem Bier ähnlicher ist als dem Wasser. Und wenn Leute daraus trinken, so werden sie davon nicht angefüllt wie von anderem Wasser, vielmehr setzt sich das fest und geht ins Fleisch wie Bier. Es gibt mehr als eine Quelle in dem Lande, die Bierquellen heißen, aber doch ist eine die beste und berühmteste von allen, und die liegt in dem Tal, das *Hitardalr* heißt. So wird erzählt von dieser Quelle oder vielmehr von ihrem Wasser, das darin ist, dass es ganz den gleichen Geschmack wie Bier hat und reichlich vorhanden ist zum Trinken, und man sagt, dass es den Mann etwas berauscht, wenn es in genügender Menge getrunken wird. Wenn Leute ein Haus um die Quelle errichten wollen, da begibt sich die Quelle fort aus dem Haus und bricht außerhalb des Hauses heraus. Es wird auch erzählt, dass die Leute dort an der Quelle trinken können, so viel jeder will, aber wenn sie das Wasser mit sich fortnehmen wollen, verliert es bald die Kraft und ist dann nicht besser als anderes Wasser oder noch schlechter.

Hans Joachim Kürtz

Wikinger – die ersten Isländer

Fríðrik Skulason hat sich um seine Landsleute verdient gemacht: Er entwickelte ein Computerprogramm, mit dem jedermann nach seinen Ahnen fahnden kann – bis zurück zu den legendären Stammvätern der Nation aus der Zeit der ersten Siedler. Die Vorvätersuche zählt zu den nationalen Leidenschaften der nur 267 000 Isländer, von denen fast jeder mit jedem irgendeinen Vorfahren in irgendeiner Generation teilt. Nicht wenige Isländer können ihre Ahnenreihe bis zum großen Volkshelden Snorri Sturluson nachweisen, aus dessen Federkiel die „Jüngere Edda“ stammt. Snorri starb 1241. Andere Isländer wissen gar um ihre Vorfahren zurück bis zu Ari dem Gelehrten, der bis 1148 lebte. Er beschrieb in seinem „Isländerbuch“ die Geschichte der Insel von ihren ersten Anfängen an. Das Buch wurde zur „Bibel“ für den einzigartigen Vorgang der Besiedlung – zusammen mit dem „Landnahmebuch“ von etwa 1280, einem Kompendium mit den Stammtafeln und Niederlassungsorten der ersten vierhundert Einwanderer aus Skandinavien, die zwischen 874 und 930 die Insel unter sich aufteilten.

Die Urväter der Isländer waren die ebenso legendären wie verrufenen Wikinger: Mit ihren Blitzüberfällen hatten sie das mittelalterliche Europa in Angst und Schrecken versetzt. „A furore Normannorum liberare nos, domine“, beteten die Mönche entlang der Küsten, wenn die Drachenkopf-Boote gesichtet wurden – „bewahre uns, Herr, vor dem Schrecken der Normannen!“ Denn die nordischen Barbaren verschonten auch die Diener Gottes nicht, wenn sie mordend und plündernd fremde Länder heimsuchten. Doch nach Island waren die Wikinger nicht als Schlagetots gekommen. Wen auch hätten sie hier bekriegen sollen? Die Insel war menschenleer, als sie nach der Mitte des 9. Jahrhunderts als Siedler an Land stiegen – bis auf wenige „papar“ (eremitische Mönche), wie das „Isländerbuch“ berichtet. [...]

Die Kunde von dem herrenlosen Land am „trutzigen Ende der Welt“ hatten die beiden von Stürmen nach Island verschlagenen Wikinger Naddoður und Garðar Svavarsson um 861 nach Norwegen heimgebracht. Das ließ Flóki Vilgerðarson mit seiner ganzen Habe nordwärts segeln. Für die „Navigation“ hatte er drei heilige Raben an Bord genommen. Raben-Flóki siedelte sich im Nordwesten Islands an. Aber über dem Fischreichtum vor seiner Haustür vergaß er die Heuernte – sein Vieh starb dahin, als Treibeis die Fjorde füllte. Frustriert berichtete er nach seiner erzwungenen Rückkehr nur Abfälliges über das unwirtliche „Eis-Land“. Die Insel hatte damit ihren Namen: Island. Einer von Flókis Leuten aber rühmte ihre Wiesen, „wo die Butter von jedem Grashalm troff“. Ihm glaubte man mehr: Eine Welle von Auswanderern verließ nach 870 Norwegen – zur großen Landnahme auf Island.

Denn daheim hatte Gaukönig Harald wahrgemacht, was er seiner politisch ehrgeizigen Braut gelobt hatte: sein Haar weder zu schneiden noch zu kämmen, solange er nicht die dreißig norwegischen Kleinkönige unter seine Herrschaft gezwungen habe. Zwölf Jahre später konnte Harald Schere und Kamm wieder zur Hand nehmen und sich fortan „Schönhaar“ nennen: das norwegische Gesamtreich war 872 Wirklichkeit geworden. Doch in die wikingischen Dickschädel wollte es nicht hinein, dass sie nun als Untertanen einem König Tribut zahlen sollten. Das ließ die trotzigen Bauernfürsten scharenweise übers Meer westwärts ziehen, wo die

„neue Welt" Freiheit verhieß – so jedenfalls die altisländischen Historienschreiber. Doch viele brachen nur zu den neuen Ufern auf, weil die einsetzende Übervölkerung in der engen Fjordlandschaft Norwegens das Weideland knapp werden ließ. Hundert Jahre später war es auch auf Island schon wieder zu eng geworden. Dutzende von Bauern setzten nach Grönland über, das der legendäre Eirikur Rauda (Erik der Rote) 982 als Siedlungsland ausgemacht hatte.

Auch waren es keineswegs nur die freiheitsdürstenden Edelsten gewesen, die Norwegen verlassen hatten. Glücksritter und Abenteurer befanden sich unter den Auswanderern, Tunichtgute und Geächtete – Ingólfur, den späteren ersten Isländer, hatte man wegen Totschlags des Landes verwiesen. Auch viele Kelten aus Irland und von den Hebriden kamen mit den norwegischen Landnehmern, als deren Sklaven oder Ehefrauen. So fließt in den Adern der Isländer auch ein guter Schuss keltischen Blutes – man hat ihn bei Blutgruppen-Vergleichen eindeutig nachgewiesen.

Das älteste Parlament der Welt

„Ingólfur Arnarson wurde der berühmteste aller Landnehmer, denn er kam als Erster in unbebautes Land und bebaute es als Erster", notierte 250 Jahre nach Ingolfs Landung der Autor des „Landnahmebuches" auf sein Kalbfell-Pergament. 1976 gruben Archäologen im Herzen von Reykjavík eine Feuerstelle und eine Wikingeraxt aus, die sie auf die Zeit kurz vor dem Jahr 900 datierten. Das bestätigte die Zeitangaben des „Isländerbuches", nach denen Ingolf als der erste sesshafte Siedler 874 auf der Insel landete. Dieses Jahr gilt als das legendäre Jahr Null der isländischen Geschichte. Gott Odin selbst, der Stammvater der Asen im germanischen Götterhimmel, hatte Ingolf den Wohnsitz zugewiesen: an der Faxa-Bucht, wo sich heute Reykjavík ausbreitet. Dorthin hatte Odin die Pfosten des Hochsitzes treiben lassen, die der Norweger bei der Annäherung an die neue Insel ins Meer geworfen hatte. Keine andere Hauptstadt kann sich wie Reykjavík rühmen, dass sie ihren Platz auf der Landkarte den Göttern verdankt.

Anfangs hatten sich die Siedler in Kultgemeinden um angesehene Großbauern gesammelt, die aus ihrer alten Heimat die Götterbilder und Opferhäuser mitgebracht hatten. Diese „Goden" wurden auch als Bezirkshäuptlinge anerkannt. Doch das hinderte die normannischen Dickschädel nicht, sich ihr vermeintliches Recht auch selbst zu verschaffen – notfalls mit der Streitaxt. Die Sagas sind voll von Berichten über blutige Nachbarschaftsfehden. Mit der wachsenden Zahl von Siedlern aber musste Recht gesprochen werden – nach Germanenbrauch auf Thingversammlungen. So wurden die Kulturgemeinden zu Thinggemeinschaften. Doch bald brauchte man eine für alle verbindliche Ordnung. 930 trat erstmals ein „Althing" für die ganze Insel zusammen. Diese alljährlich stattfindende Versammlung wurde geleitet vom Gesetzessprecher, der die zunächst nur mündlich überlieferten Gesetze aus dem Gedächtnis vortrug. Daraufhin wurde Recht gesprochen. Der Althing ist die älteste, noch heute existierende Volksvertretung der Welt – die „Großmutter" der Parlamente. Damit begann Islands Geschichte als Staat. Über dreihundert Jahre lang lebte man dann selbstbestimmt als freie Bauernrepublik.

1262 aber mussten sich die Isländer doch noch der norwegischen Krone unterwerfen. Damit begannen die Jahrhunderte der Ausbeutung durch königliche Statthalter, durch den Monopolhandel und kirchliche Würdenträger. Die Zustände verschlimmerten sich noch, als im Jahr 1380 die Macht in Skandinavien von Norwegen an Dänemark überging. Nach Jahrhunderten der wirtschaftlichen Not, verheerenden Seuchen und Vulkanausbrüchen stabilisierte sich die Lage im 19. Jahrhundert. Doch erst 1944 erhielt Island seine volle Selbstständigkeit zurück – als ein Staat, der tausend Jahre zuvor seine Geburt erlebt hatte.

Die Sagas – Islands spannende Geschichtsbücher

Gott Odin, im Asenhimmel der germanischen Götter für die Krieger und die Dichtkunst zuständig, verdanken die Isländer nicht nur den Platz für ihre Hauptstadt. Von ihm stammen auch der Met und die Runen – wenn man den Sagas glauben darf. Der Met als Gabe der Götter dient noch heute als willkommener Vorwand für den beliebten Griff zum *brennivín*, zum Hartgebrannten. Die Runen nutzten die Isländer so lange als Schriftzeichen für Kurzmitteilungen, bis sie ihre mündlich von Generation zu Generation weitererzählten Heldensagen und Götterlieder, ihre Skaldenpoesie und Historienprosa in lateinischen Lettern zu Pergament bringen konnten. Das große literarische Zeitalter des kleinen Inselvolkes begann am Ende des 11. Jahrhunderts, als die führenden Geschlechter sich in Machtkämpfen besonders fleißig die Köpfe einschlugen. Die dichterische Kraft hielt auch an, als Island 1262 unter das strenge Regiment der Norweger-Könige kam. Denn für die Isländer waren die Sagas, mit deren Helden man zeitlebens auf vertrautem Fuß stand, mehr als bloße Unterhaltungsliteratur. Sie hatten einen national-religiösen Rang und waren Bestandteil der Identität als eigenes Volk. Sie waren – so ein Isländer – „ein zeitloser Kraftquell, aus dem wir tranken, um durch viele Jahrhunderte der Finsternis und materiellen Armut erst die norwegische und dann die dänische koloniale Ausbeutung zu überleben". Auch heute stehen die gesammelten Sagas noch in jedem isländischen Bücherschrank.

Zu den Meisterwerken altisländischer Schreibwut gehören die beiden „Eddas" – die ältere eine Sammlung von dreißig Götter- und Heldenliedern, die jüngere ein für seine Zeit einzigartiges Poesie-Lehrbuch für den altnordischen Dichternachwuchs. Es enthält nicht nur genaue Anweisungen für den rechten Versfuß und den Binnenreim, sondern auch ein Vokabular poetischer Umschreibungen für Allerweltswörter und ein ausführliches „Who is Who“ des nordischen Götterhimmels Asgard mit seiner Residenz Walhall.

Im Dienst der Dichtkunst hatten ganze Kälberherden ihr Leben lassen müssen – man brauchte ihre Häute für die Pergamentherstellung. Dass Hunderte der kunstvollen Handschriften – im Original oder als frühe Abschriften – erhalten blieben, verdankt man Árni Magnússon, der vor dreihundert Jahren von Hof zu Hof und von Pfarrhaus zu Pfarrhaus zog und zusammentrug, was noch an Manuskripten existierte. Er verfrachtete alles nach Kopenhagen, wo er an der Universität lehrte, und begründete damit deren wertvolle „Arnamagneische Sammlung“.

Zu Zehntausenden säumten die Isländer den Hafen in Reykjavík, die Nationalhymne erklang, Matrosen des dänischen Kanonenbootes „Vædderen“ in Paradeuniform trugen ein in Ölpapier gewickeltes Paket von Bord und überreichten es dem isländischen Kulturminister. Was da im April 1971 – auf 600 Millionen Mark bei Lloyd’s versichert – heimkehrte, waren die beiden Prunkstücke der Handschriftensammlung: der „Codex Regius“ mit der „Älteren Edda“ und das „Flateybuch“. Damit begann die Rückführung von 1500 der Manuskripte aus Kopenhagen. Denn mit der 1944 erlangten neuen Unabhängigkeit hatten die Isländer alles darangesetzt, ihre nationalen Reliquien nach dreihundert Jahren der unfreiwilligen Ausleihe wieder von den Dänen zurückzubekommen. In Kopenhagen hagelte es Proteste gegen diese Forderung. Doch dann rückte man wenigstens zwei Drittel des Handschriften-Schatzes heraus. 1996 kehrte das letzte der 1500 ausgehandelten Manuskripte zurück auf die Insel seiner Entstehung. Heute ruhen die schaurig-schönen Geschichten von Gretti dem Geächteten, die bewegende Gattenklage Guðruns oder der spannende Bericht über die Entdeckung Amerikas durch Leifur den Glücklichen in Klimakammern und durch Stahltüren geschützt im „Árnagarður“ der Universität Reykjavík.

Samivel

Das harte Los der Missetäter

Der Zweikampf war eine gesetzliche Einrichtung. Alles oder nichts, eine Herausforderung, eine Grenzstreitigkeit, ein Pferd, eine Frau, eine zerquetschte Zehe oder irgend sonst ein geringfügiger Anlass, der geeignet schien, die außerordentlich empfindliche Ehre eines Alt-Isländers zu verletzen, konnte den Waffengang vom Zaune brechen. In dem Maße, wie die politischen Kämpfe erloschen und die angenehmen Raubzüge in die christlichen Länder allmählich unterblieben, schien sich die Empfindlichkeit zu steigern, und der mannhafte Kampf auf Leben und Tod blieb damit das einzige Ventil für die bereits erwähnte Überspannung der Lebenskräfte. Der Wehrgang erforderte die Beachtung verzwickter Regeln und führte meist für beide Teile zu bösem Ausgang. Der weniger Verwundete raffte seine letzten Kräfte zusammen, um seinem Gegner das Haupt vom Rumpfe zu trennen. Vielfach wurde der Kampf aber auch bereits nach dem ersten Blutvergießen eingestellt. Zum Vergleich bezahlte dann aber der Besiegte eine hohe Buße. Entzog sich aber einer der Gegner dem Waffengang, oder hielt er seine Bußenverpflichtungen nicht ein, so fiel er, mit Schande bedeckt, der öffentlichen Verachtung anheim. Jedermann durfte ihn dann ungestraft beleidigen oder gar angreifen. Außerdem kannte man den „Nidstong“, den Schandpfahl, den man, zum Zeichen der Missbilligung mit einem aufgespießten Tierschädel gekrönt, angesichts des Gehöftes eines solchen Paria aufpflanzte, dem schließlich nichts anderes mehr übrig blieb, als sich aus dem Staube zu machen.

Streitigkeiten, Verwundungen, Angriffe, Morde und auch das sehr umstrittene Bußenwesen verursachten oft gehässige Spannungen, die sich zu eigentlicher Blutrache auswuchsen, der Vendetta in Korsika und Kreta nicht unähnlich. Wie Island sind auch diese Mittelmeerinseln spärlich bewohnt und darum reich an menschenleeren Räumen. Die Menschen leben in kleinen Gemeinschaften zusammen, und in diesen Sippenverbänden wird, ohne sich um andere Erwägungen zu kümmern, sofort leidenschaftlich Partei für ein geschädigtes Glied ergriffen. Im alten Island gab es weder amtliche Gerichtsdiener noch eine Polizeimacht, die für Ruhe und Ordnung sorgen konnte. Darum übte jeder Einzelne, jede Sippe und jeder Stamm seine ureigene Justiz aus, die sich natürlich in den meisten Fällen an die einfache Gleichung „Auge um Auge und Zahn um Zahn“ hielt. Die Ausübung dieses Racherechtes hielt die Bewohner Islands während vieler Jahre im Bann. Sie lieferte den Skalden und den Dichtern der Saga die zündenden Stoffe. In eigentlichen Schlachten rieben sich die edlen Geschlechter gegenseitig auf. Die spätere Gewohnheit, die schwersten Händel dem Thing oder gar dem Althing zu unterbreiten, entsprang weniger dem Gefühl der Rechtlichkeit, als vielmehr einer perfiden Ränkesucht. Die Feindseligkeiten flammten nur umso heftiger auf und oft geriet auch das Leben der Richter in Gefahr, wenn der Urteilsspruch nicht den Ansichten der Kläger entsprach. Das Althing selbst befand sich offensichtlich außerstande, seine Beschlüsse durchzusetzen, denn es stand ihm keine bewaffnete Macht zur Verfügung. Trotzdem konnte es wirksame Druckmittel anwenden, so die Verbannung und vor allem die Ächtung, eine weitere Institution des alten Island, die seinen Chroniken immer wieder den Hintergrund für düstere, romantische und faszinierende Abenteuer bot.

Es war zweifellos eines der fragwürdigsten Heilmittel, das eine menschliche Gesellschaft zu ihrem Schutz ersonnen hatte. Wohl wurde die grausame Todesstrafe vermieden, aber die Folgen der Ächtung waren schlimmer als eine sofortige Hinrichtung nach Fug und Recht. Indem man dem Verurteilten den Tod vorenthielt, setzte man ihn schlimmerer Todespein aus. Der Brauch beschränkte sich darauf, den Schuldigen außerhalb des Gesetzes zu stellen, ihn zu brandmarken und aus der Gemeinschaft auszuschließen. Wenn es ihm gelang, sich den wütenden Verfolgungen zu entziehen und allen Fallen auszuweichen, die seinetwegen ausgelegt wurden, übertrug die Gemeinschaft die Rache den inneren Wüsten, den unerbittlichen Steinen, der Einsamkeit und der Stille, dem Frost und der endlosen Winternacht. Allein stand der also Geächtete den feindlichen Elementen gegenüber, denen die Menschen nur durch Zusammenschluss standhalten können, indem sie die gemeinsamen Nöte teilen, gemeinsam die Götter anrufen und gemeinsam die schützenden Herde errichten. Der Verlust dieses Rückhaltes greift ans Lebensmark. Der Geächtete wird zum „Fridlaus", zum flüchtigen Wolf, zur reißenden Bestie herabgewürdigt. Er wird geradezu gezwungen, als Bestie zu leben, denn nach dem Gesetze kann der Ausgestoßene seine Rehabilitation erreichen, wenn es ihm gelingt, drei Schicksalsgenossen zu erschlagen. Diese perfide Klausel verschlimmerte noch das ohnehin bedauernswerte Los, vertiefte die Einsamkeit und Hilflosigkeit und fügte als weitere Qualen noch die ständige Ruhelosigkeit und das Gehetztsein hinzu.

Die ungeheuer eindrucksvolle und beklagenswerte Figur des Geächteten beherrscht ganze Kapitel der Saga. Sie verkörpert gewissermaßen die tiefste Seelenangst, wo der Mensch durch den eigenen Schatten erdrückt wird, und zugleich auch in widersprüchlicher Form den lebendigen Freiheitsdrang. Mehr und mehr schmückte sie sich mit düsterem Nimbus. Die Geister der Gesetzesbrecher, der Ausgestoßenen, der unverbesserlichen Widersacher irren heute noch durch die unendlichen Weiten des Innern. Die Pferde sträuben die Mähnen, wenn unheimliche Geräusche durch die Lüfte schwingen, als ob die Geächteten heute noch Schmähreden und Wehklagen ausstießen und ihren Platz am Herdfeuer forderten.

Isländer-Sagas: Das Ende des weisen Njal

Die „Saga vom Njal" gehört zu den bluttriefendsten Überlieferungen der altisländischen Erzählliteratur. Ihr Hauptprotagonist ist der weithin geachtete, stets auf Ausgleich bedachte Großbauer Njal. Doch auch er wird noch im Greisenalter ein Opfer der unbarmherzigen Blutrache zwischen den verfeindeten Sippen. Mit einer Gefolgsschar von Mordbrennern überfällt Flosi Thordarson in einem Rachezug Njals Hof Bergthorsvoll und brennt diesen mit den darin Eingeschlossenen nieder. Njal, seine Frau Bergthora und seine beiden Söhne Skarphedin und Grim kommen in den Flammen um.

Flosi sagte: „Jetzt sind sie todgeweiht, da sie hineingegangen sind. Wir wollen nun schnellstens zum Gehöft gehen und uns so dicht wie möglich vor den Türen aufstellen und darauf achten, dass keiner entkommt, weder Kari noch einer von den Njalssöhnen; andernfalls bedeutet das unseren Tod." Flosi und seine Schar kamen nun zum Gehöft und umstellten die Gebäude für den Fall, dass es irgendeine Geheimtür gäbe. Flosi und seine eigenen Leute gingen von vorn an die Gebäude heran. Hroald Özurssohn lief an der Stelle vor, wo Skarphedin stand, und stach mit dem Spieß nach ihm. Skarphedin hieb mit der Axt nach ihm. Die Axt traf den Schild Hroalds von oben und presste ihn sofort an seinen Körper, aber die vordere Spitze des Blattes fuhr in sein Gesicht, Er stürzte rücklings zu Boden und war auf der Stelle tot. Kari sagte: „Dir war wieder nicht zu entkommen, Skarphedin; du bist der Tüchtigste von uns." – „Das weiß ich nicht", erwiderte Skarphedin, und man sah, dass er die Lippen verzog und grinste. Kari, Grim und Helgi stachen häufig mit Spießen nach draußen und verwundeten viele, aber Flosi und seine Leute konnten nichts ausrichten. Flosi sagte: „Wir haben großen Schaden erlitten unter unseren Leuten. Viele sind verwundet, und der ist erschlagen, den wir am wenigsten verlieren wollten. Es hat sich gezeigt, dass wir sie nicht mit Waffen bezwingen können. Manch einer ist unter uns, der nicht so mutig angreift, wie er nach eigenen Worten wollte. Wir müssen uns nun doch zu einem anderen Vorgehen entschließen. Es gibt nur zwei Möglichkeiten, und keine von beiden ist gut. Die eine ist, abzuziehen, und das ist gleichbedeutend mit unserem Tod – die andere, Feuer an das Gehöft zu legen und sie drinnen zu verbrennen; das aber ist eine große Verantwortung gegenüber Gott, da wir selbst Christen sind. Aber dennoch müssen wir diesen Weg wählen."

Sie entzündeten nun Feuer und setzten einen großen Holzstoß vor den Türen in Brand. Da sagte Skarphedin: „Ihr zündet ein Feuer an, Burschen! Geht es jetzt ans Garmachen?" Grani antwortete: „So ist's gedacht. Und du wirst es nicht heißer brauchen zum Braten." Skarphedin entgegnete: „Die Art, wie du mir lohnst, dass ich deinen Vater gerächt habe, passt genau zu dir. Du bewertest das höher, was dir weniger als Pflicht anhängt." Da gossen die Frauen Molken in das Feuer und brachten es zum Erlöschen. Kol Thorsteinssohn sagte zu Flosi: „Mir kommt ein Gedanke. Ich habe gesehen, dass im Schlafraum über den Querbalken ein Oberboden ist. Dahinein sollten wir Feuer bringen und den Unkrauthaufen zum Entfachen benutzen, der hier hinter dem Gehöft liegt." Daraufhin holten sie den Haufen und setzten ihn in Brand. Die drinnen waren, merkten erst etwas, als der ganze Schlafraum oben in Flammen stand. Flosi und seine Leute machten außerdem große Feuer vor allen Türen. Die Frauen, die im Gehöft waren, begannen nun zu weinen und zu jammern. [...]

Nun begannen alle Gebäude lichterloh zu brennen. Da ging Njal zur Tür und sagte: „Ist Flosi in der Nähe, sodass er meine Worte hören kann?“ Flosi sagte, er höre ihn. Njal sagte: „Bist du vielleicht bereit, auf einen Vergleich mit meinen Söhnen einzugehen oder jemandem zu erlauben, das Gehöft zu verlassen?“ Flosi antwortete: „Auf einen Vergleich mit deinen Söhnen gehe ich nicht ein. Es soll nun ein für allemal zum Ende kommen zwischen uns, und wir ziehen nicht eher ab, als bis sie alle tot sind. Aber den Frauen, Kindern und den Knechten will ich erlauben herauszukommen.“ Da ging Njal hinein und sagte zu seinem Hausvolk: „Alle sollen jetzt hinausgehen, denen es erlaubt ist. Geh du hinaus, Thorhalla Asgrimstochter, und mit dir die Schar derer, denen es gestattet ist.“ Thorhalla sagte: „Anders wird jetzt mein Abschied von Helgi, als ich je erwartet habe. Aber ich werde meinen Vater und meine Brüder antreiben, die Mordtaten zu rächen, die hier verübt werden.“ Njal sagte: „Du wirst den richtigen Weg gehen, denn du bist eine gute Frau.“ Danach verließ sie das Gehöft und eine ganze Schar mit ihr. Astrid von Djuparbakki sagte zu Helgi: „Geh mit mir hinaus. Ich werde dir einen Frauenmantel überwerfen und ein Kopftuch anlegen.“ Er wehrte sich erst dagegen, ging aber schließlich ihrer Bitten wegen darauf ein. Astrid schlug ihm das Tuch um den Kopf, und Thorhild legte ihm den Mantel über die Schultern, und zwischen ihnen ging er hinaus. Auch Thorgerd Njalstochter und ihre Schwester Helga gingen da hinaus und eine Menge anderer Leute. Als Helgi ins Freie kam, sagte Flosi: „Das dort ist eine sehr hochgewachsene Frau und ziemlich breitschultrig; packt sie und haltet sie fest!“ Als Helgi das hörte, warf er den Mantel ab. Er hatte ein Schwert unter dem Arm getragen und schlug damit nach einem von Flosis Männern. Es traf den Schild und trennte dessen Spitze ab und zugleich das Bein des Mannes. Da kam Flosi hinzu und hieb in Helgis Nacken, sodass augenblicks der Kopf abfiel.

Flosi ging zur Tür und rief, dass Njal kommen solle und auch Bergthora, damit er mit ihnen sprechen könne.

Beide folgten der Aufforderung. Flosi sagte: „Ich mache dir das Angebot, das Gehöft zu verlassen, denn du verdienst es nicht, darin zu brennen." Njal erwiderte: „Ich will nicht hinausgehen, denn ich bin ein alter Mann und kaum in der Lage, meine Söhne zu rächen; und mit Schande will ich nicht leben." Da sagte Flosi zu Bergthora: „Komm du heraus, Hausfrau; dich will ich unter keinen Umständen drinnen verbrennen." Bergthora antwortete: „Jung wurde ich Njal zur Frau gegeben, und ich habe ihm versprochen, dass ein Schicksal uns beide treffen solle." Daraufhin gingen sie beide wieder ins Innere.

„Was wollen wir jetzt tun?", fragte Bergthora. „Wir werden zu unserem Bett gehen und uns niederlegen", antwortete Njal. Bergthora sagte zu dem Jungen Thord, dem Sohn Karis: „Dich muss man hinaustragen; du sollst nicht hier drinnen verbrennen." – „Du hast mir aber versprochen, Großmutter, dass wir zwei uns nie trennen wollen", entgegnete der Junge, „und so soll es auch sein, denn ich halte es für viel besser, mit euch hier zu sterben." Da trug sie den Jungen zum Bett. Njal sagte zu seinem Großknecht: „Pass nun auf, wo wir uns hinlegen und wie ich es unter uns anordne. Ich gedenke mich nämlich nicht mehr von der Stelle zu rühren, ganz gleich, wie sehr mir Rauch und Feuer zusetzen. Dann kannst du mit ziemlicher Sicherheit angeben, wo unsere Gebeine zu suchen sind." Der Knecht sagte, dass er das tun werde. Ein Ochse war kurz zuvor geschlachtet worden, und die Haut lag da in der Nähe. Njal sagte zu dem Großknecht, er solle die Haut über sie breiten, und der erklärte sich dazu bereit. Njal und Bergthora gingen nun ins Bett und legten den Jungen zwischen sich. Dann machten sie das Kreuz über sich und den Jungen und befahlen ihre Seele Gott an. Das waren die letzten Worte, die man sie sprechen hörte. [...]

Skarphedin hatte gesehen, dass sein Vater sich hingelegt hatte und welche Anordnungen er getroffen hatte. Da sagte er: „Unser Vater geht früh zu Bett und das ist ganz natürlich: Er ist ein alter Mann." Skarphedin, Kari und Grim packten nun brennende Holzstücke, sobald sie von oben herabstürzten, und schleuderten sie auf die Draußenstehenden. So ging es eine Weile. Dann schossen jene Spieße von draußen auf sie. Sie fingen sie alle in der Luft und schickten sie wieder hinaus. Flosi hieß seine Leute mit dem Schießen aufhören, „denn jeder Waffengang mit ihnen wird uns übel bekommen. Ihr könnt getrost darauf warten, dass das Feuer sie in die Knie zwingt.“ Dem folgten sie.

Nun fiel das schwere Gebälk aus dem Dachstuhl herab. Skarphedin sagte: „Jetzt wird mein Vater tot sein und es war weder ein Stöhnen noch ein Husten von ihm zu hören.“ Dann gingen sie an das Ende des Schlafraumes. Dort war der Querbalken mit dem einen Ende heruntergefallen und war in der Mitte schon ziemlich durchgebrannt. Kari sagte zu Skarphedin: „Lauf hier hinaus! Ich werde dir dabei helfen und ich werde sogleich hinterherlaufen. Wenn wir es so machen, können wir beide entkommen, denn es treibt allen Rauch hierher.“ Skarphedin erwiderte: „Du sollst zuerst laufen, ich komme sofort hinterher.“ – „Das ist nicht gut“, sagte Kari, „denn ich werde auch noch an anderer Stelle hinauskommen, wenn es hier nicht möglich ist.“ – „Ich will das nicht“, entgegnete Skarphedin, „lauf du zuerst hinaus, ich folge dir auf den Fersen.“ Kari sagte: „Jedem ist es geboten, dass er sein Leben zu erhalten sucht; danach will ich jetzt handeln. Unsere Trennung wird allerdings bedeuten, dass wir uns nie wiedersehen. Wenn ich aus dem Feuer hinauslaufe, werde ich kaum Lust haben, wieder zu dir ins Feuer zurückzukehren, und dann muss jeder von uns beiden seinen Weg gehen.“ Skarphedin erwiderte: „Das macht mich lachen, dass du uns rächen wirst, wenn du entkommst, Schwager.“

Da nahm Kari einen brennenden Balken in die Hand und lief den schräg liegenden Querbalken hinauf. Oben von der Wand schleuderte er den Balken nach draußen und der fiel auf die hinunter, die dort davorstanden. Die sprangen zur Seite. Karis Kleider und sein Haar standen in hellen Flammen. Er stürzte sich nun vom Dachrand hinab und lief in großen Sätzen in der Richtung des Rauches. Da sagte einer von denen, die draußen standen: „Sprang da nicht ein Mann vom Dach herab?“ – „Keineswegs“, erwiderte ein anderer, „Skarphedin warf da einen brennenden Balken nach uns.“ Daraufhin hegten sie keinen Verdacht mehr. Kari lief, bis er an einen Bach kam; da warf er sich hinein und löschte das Feuer an seinem Körper. Dann rannte er weiter, immer im Schutze des Rauches, bis zu einer Vertiefung und ruhte sich dort aus. Die Stelle heißt seitdem Karis Senke.

Von Skarphedin ist zu berichten, dass er gleich hinter Kari den Querbalken hinauflief. Als er aber an die Stelle kam, wo der Balken am meisten verbrannt war, brach er unter ihm auseinander. Skarphedin kam auf die Füße zu stehen und nahm sofort erneut Anlauf und suchte die Wand zu erklimmen. Da stürzte der Seitenbalken von der Dachkante auf ihn und er taumelte nach innen zurück. Skarphedin sagte: „Jetzt ist klar, was geschehen soll.“ Er stapfte an der Seitenwand entlang. Gunnar Lambissohn sprang auf die Wand hinauf und erkannte Skarphedin und sagte: „Weinst du nun, Skarphedin?“ – „Das nicht“, entgegnete Skarphedin, „aber es ist wahr, dass es in den Augen beißt. Aber mir scheint, du lachst; es ist doch so?“ – „Natürlich ist es so“, erwiderte Gunnar, „und ich habe nicht wieder gelacht, seit du Thrain erschlugst.“ Da sagte Skarphedin: „Dann ist hier ein wertvolles Andenken für dich.“ Und er nahm einen Backzahn aus seinem Beutel, den er Thrain ausgeschlagen hatte, und warf ihn Gunnar genau ins Auge, sodass es sofort draußen auf der Wange hing. Da stürzte Gunnar von der Dachkante hinab.

Skarphedin ging nun zu seinem Bruder Grim. Sie fassten sich an den Händen und traten das Feuer nieder. Und als sie in die Mitte des Raumes kamen, stürzte Grim tot zu Boden. Skarphedin stapfte bis zur Giebelwand des Gebäudes. Da gab es einen großen Krach, und das gesamte Dach brach herunter. Zwischen dessen Teilen und der Giebelwand wurde Skarphedin eingeklemmt und er konnte sich nicht mehr von der Stelle rühren.

Elmar Engel

Kleine Wikingergötter-Kunde

Ihre Götter waren kraftstrotzende Kerle mit Mumm – und die Göttinnen saftige Weiber, die fühlten und sich auch so gaben, als seien sie aus Fleisch und Blut. Kein Wunder, dass sich die Nordmänner an diese Vorbilder hielten. Auch in Asgard wird gerungen und gekämpft. Da saust Thors Hammer auf die Köpfe der Feinde, der Riesen – während der listenreiche Loki, übermütig und unberechenbar, sich mal auf diese, mal auf jene Seite schlägt.

Niddhögg, der Drache, eine andere Verkörperung des Bösen, nagt an den Wurzeln Yggdrasils, der Weltesche. Die Schicksalsweiber, die Nornen, spinnen unter den Wurzeln ihre Fäden. Ratatösk, das Eichhorn, rennt am Stamm Yggdrasils auf und ab, bringt Nachrichten aus der Unterwelt zum Lichte und umgekehrt.

Odin ist sich nicht zu schade, Gunnlöd, die Riesentochter, dreimal zu beschlafen – nur um vom Honigmet, aus dem Blut des weisen Kvasir gebraut, drei kräftige Züge zu nehmen.

Thor säuft bei einer Gelegenheit so mächtig, dass sich der Wasserspiegel des Meeres um Meter senkt, und schafft es auch, als göttliche Braut verkleidet, nicht, seinen Appetit zu mäßigen: zwei ganze Ochsen frisst die vorgebliche Jungfrau.

In diesen Himmel ziehen die auf dem Felde gebliebenen irdischen Krieger ein – nach Walhall. Dort sitzen unter einem Dach aus goldenen Schilden die toten Recken und essen unaufhörlich vom Fleisch des goldenen Ebers; trinken Met fuderweise, den ihnen die Walküren in nie versiegendem Strom kredenzen – wenn sie sich nicht gerade im Kampfspiel üben. Und die allertapfersten dürfen dann und wann unter die Bettdecke der schönsten aller Göttinnen, der anmutigen Freyja, schlüpfen – wenn das keine fantastischen Aussichten sind!

Mord und Totschlag allenthalben bis hin zur Götterdämmerung, bis das Böse überhand über die Asen gewinnt, bis in einem gewaltigen Endkampf Yggdrasil zusammenkracht, Götter, Riesen, Elfen, Menschen, Drachen, Zwerge – das gesamte Wikinger-Universum vernichtend.

Jón Trausti

Islands inneres Hochland

Wer an Islands Küsten vorüberfährt, bekommt nicht viel vom Lande zu sehen. Er sieht den Meernebel und vielleicht das Treibeis; er sieht, wie sich die Wellen über den blinden Schären brechen, wie die Vögel um ihre Felsnester schwärmen und die Schiffe über den Fischgründen stehen. Auch sieht er die riesenhohen Felsklippen, die jäh aus der See aufsteigen und sich nebeneinander reihen, als ob sie in Schlachtordnung ständen. Steil streben sie zum Himmel empor und oft sind sie von Wolken verhüllt. Hinter ihnen ragen breite schneebedeckte Bergrücken auf, und zwischen ihnen öffnen sich enge Buchten, in denen Fischeransiedlungen und kleine Handelsorte entstanden; Rauch ringelt die Halden entlang und Schiffsmasten schaukeln vor den Felsterrassen.

Aber im Innern der Buchten dehnt sich der blaue Rand des Hochlandes, der den Blick ins Innere verwehrt. Weit von der See aus erscheint das Land nur wie ein blauer Streifen am Horizont; Hochland und Tiefland fließen in dunkelblauem Dunst zusammen, und über ihm schimmern die Gletscher, krystallenen Kuppeln gleich.

Schön ist diese Schau und manchem wird sie unvergesslich bleiben. Aber hinter den aufragenden Küstenbergen, hinter der Hochfläche, die den Abschluss der Fjorde bildet, weit drinnen jenseits der breiten Buchten und hinter dem von der Brandung gepeitschten Strandgeröll, weit – weit drinnen im hellen Blau liegt ein anderes Stück von Island, das ganz verschieden ist von dem, das man vom Deck des Schiffes aus erblickt.

Dort liegt das innere Hochland, öde und von keinem Menschen bewohnt. An seinen Hängen dehnen sich die Sommerweiden, die für jedermanns Herden bestimmt sind. Dort blinken Tälchen mit grünen Auen, mit Bächen und Wasserfällen und fischreichen Seen. Dort wogt das Riedgras in weiten Wiesengründen, die nie ein Schnitter mäht. Veilchen und Vergissmeinnicht sprießen am Rande klarer Quellen; sie blühen und vergehen, und nie erfreuen sie eines Menschen Auge. Kerzengrade ragen die Engelwurzstauden empor und hoch tragen sie ihre Doldenhäupter; wie Könige sind sie gekrönt. Salomon in aller seiner Pracht war nicht wie sie geschmückt; doch niemand ist da, sie zu bewundern. Blühende Ebereschen wiegen ihr Gezweig in der sanften Sommerluft; gastlich laden sie zur Ruhe unter ihrem Schatten, doch niemand kommt und naht sich ihnen. Wie zu süßer Umarmung breiten weithin die Hänge sich aus; sie prangen im herrlichsten grünen Gewande und sind bis zu Häupten geschmückt; doch außer vernunftlosen Schafen locken sie kein lebendes Wesen zu sich. In goldner Freiheit schweben die Vögel über dem Hochland und bauen froh ihre Nester. Schneeweiße Schwäne wechseln allsommerlich dort ihr Gefieder; sie sind zahm wie Lämmer, denn niemals lernten sie Menschen fürchten.

Ringsum zieht sich, gleichsam als des Bildes Rahmen, ein Kranz von weißschimmernden Gletschern und blauen Felszacken, inmitten von Lavaströmen und grauem Wüstensand. Dieser Teil Islands ist eine eigene Welt für sich, voll Sommerzaubers und Winterpracht; solch überwältigende Schönheit, solche Erhabenheit, solche Unendlichkeit findet sich in der Welt kaum wieder. Immer geringer aber wird die Zahl derer, die etwas von ihm zu erzählen wissen. Heutzutage, im Anfang des zwanzigsten Jahrhunderts, liegen Islands Verkehrswege draußen auf der See, außerhalb der Fjorde und Landzungen.

Ehemals zog des Volkes Straße durch das Land. Damals kannte jeder das Land und fand sich darin zurecht von einem Ende zum andern. Damals waren die Hochebenen allgemein bekannt und die Furten für jedermann gangbar. Damals war man von Jugend auf an die Beschwerden und Gefahren der Inlandreisen gewöhnt und es galt für ruhmvoll, unbekannte Gebirge zu übersteigen. Sogar durch die Lavawüste der Missetaten zogen Menschen und Pferde. Damals wanderten die Großen des Landes mit ihrem Gefolge auf Wegen, für die heute der Reisende kaum einen Führer bekommen kann. Jene alten Pfade über das Hochland sind jetzt zugewachsen, verschlammt und versandet; von manchen Höhenwegen weiß sogar niemand mehr, wo sie überhaupt gelegen haben. Dieses schöne und erhabene Innere Islands sinkt allmählich in Vergessenheit, und dem Volke schwindet die Kenntnis von ihm immer mehr. Selbst die Namen solcher Orte werden vergessen, die an große Taten und geschichtliche Begebenheiten der Väterzeit erinnern; war mit einzelnen Namen doch auch das Andenken an jene verknüpft, die dort ihr Leben ließen. In jenen Einöden schuf sich das Volk einst eine geheimnisvolle Welt; dorthin ließ man in langen Dämmerstunden die Gedanken schweifen. Da wurde die Wüste lebendig und Wunderwesen bevölkerten sie. Die Zeit des Heidentums lebt auf; alles erschien altertümlich und zauberhaft. Manches reckte sich zu Riesengröße, erregte Furcht und Schrecken und war wenig für Kinder geeignet. Aber in allem galt dort Glauben und Treue, so wie das Volk es bei sich selber haben wollte.

Unholde wohnten im Gebirge; sie erschienen den Wanderern und sprachen Zaubersprüche. In der Weihnachtszeit verschlangen sie die Hirtenknaben, aber vor Leid zersprang ihr Herz, wenn Freunde ihnen untreu wurden. In entlegenen Tälern hatten „útilegumenn“ ihre Siedlungen; der „Schattenwalter“ schützte sie vor jenen, die in bebauten Gegenden lebten. Sie fügten den Menschen Unheil zu, führten sie irre, rangen mit ihnen und überwanden sie; und hinterher stellte sich heraus, dass sie ihre Brüder waren. Auch die Geister der Verstorbenen schwebten über das Hochland. Sie konnten keine Ruhe im Grabe finden, weil niemand geweihte Erde über sie geworfen hatte; sie tanzten Geistertänze im wirbelnden Schneesturm und jammerten wie sterbenskranke Kinder, wenn sie Unglück oder Tod voraussahen.

Damals liebten die Menschen ihr Land und wussten es nicht; heute meinen sie es zu lieben und tun es nicht. Alle Geistergeschichten aus der Wildnis haben jetzt aufgehört; die wachsende Erkenntnis und die neue Denkweise haben ihnen den Tod gebracht. So ist der alte Märchenglaube verschwunden, möchte man ihn zu seiner Zeit für noch so heilig halten, das Geistererbe der Väter ist veraltet.

Gerald Martin

Der Golfstrom macht es möglich: die grüne Insel

Wenn es auch so scheint, dass dies ein Land ist, wo den Dämonen die Vorherrschaft gehört – wo Feuer- und Eisriesen dem Leben nur in freundlichen Augenblicken Zutritt in ihr Reich gewähren, und dann auch nur in Randbezirke –, sollte man sich nicht täuschen lassen. Wenn man durch das Hochland fährt, auf endlos scheinenden staubigen Pisten die inneren Einöden, die vor Jahrhunderten den Verbannten als Zuflucht dienten, durchquert, das Ódáðahraun – Lavaeinöde der Missetäter – oder den sich ebenso lebensfeindlich gebenden Sprengisandur, dann überraschen immer wieder grüne Inseln: Büschel von Leimkraut, Grasnelken, Polster von Silberwurz – aus den Alpen als Eiszeitrelikt bekannt – oder gar die leuchtend roten Blüten des Arktischen Weidenröschens und andere Blüten. Fast verloren wirken sie in der Wildnis und doch triumphiert auch hier das grüne Leben. Oft kommt es gerade da, wo das Gestein sein feindlichstes Gesicht zeigt, zu überraschenden Oasen des Lebens, wie zwischen den pittoresken Lava-Ruinen der Dimmuborgir, den „dunklen Burgen" am Mývatn. Oder man denke an den reichlichen Krautwuchs zwischen den Wänden der Schlucht Gjáin in Südwestisland. Hier stehen mehr als mannshohe Stauden von Bergengelwurz dicht bei dicht. Diese für Island so charakteristische Pflanze – in Notzeiten hat sie den Menschen sogar als Nahrung gedient – hat übrigens auch dem höchsten Berg Islands, dem 2119 Meter hohen Hvannadalshnjúkur, den Namen gegeben.

Als vor mehr als tausend Jahren die ersten Siedler ihren Fuß auf die Insel setzten, da hätten sie ihr mit viel mehr Berechtigung den Namen „Grönland" verleihen können als der erheblich größeren, vergletscherten Nachbarinsel im Westen. Ari sagt in seinem „Isländerbuch": „Das Land war vom Strand bis zu den Bergen mit Wald bewachsen." Natürlich war das übertrieben, doch es war gewiss eine „grüne Insel", die er beschrieb, mit weiten Birken-Buschwäldern und einer fast geschlossenen Grasdecke, aus der nur das Hochland und die Gletscher in abweisender Kargheit herausragten. Weniger als fünfzehntausend Jahre waren damals vergangen, seitdem die Gletscher der letzten Eiszeit sich endgültig zurückgezogen hatten, und auf dem von ihnen hinterlassenen Schutt hatte sich, noch ungestört durch menschlichen Eingriff, eine neue Flora entwickeln können. Auch die Fauna konnte, wenn auch äußerst artenarm, wieder Fuß fassen. Es war ja keineswegs der erste erfolgreiche Versuch des geologisch noch verhältnismäßig jungen Landes, sich eine Vegetationsdecke überzuziehen.

Dass im hohen Norden vor etwa 14 Millionen Jahren ein verhältnismäßig warmes Klima mit einer Durchschnittstemperatur von etwa 10 Grad Celsius geherrscht haben muss, beweisen uns auf Island die Reste entsprechender Landpflanzen, die man an mehreren Stellen zwischen Lavaströmen eingelagert gefunden hat. Diese meist pflanzenführenden Lagen sind vielfach verkohlt und werden „Surtabrandur" genannt. Gelegentlich hat man diese „Kohle" zu nutzen versucht, doch der Heizwert ist sehr gering.

An manchen Fundorten sind Blätter und auch Früchte einer verhältnismäßig reichen spättertiären Flora erstaunlich gut erhalten, sodass dem berühmten Schweizer Paläo-Botaniker Oswald Heer, der die erste Bearbeitung übernommen hatte, die Bestimmung nach Gattung und Art nicht schwerfiel. Von der berühmtesten Fundstelle, einer Schlucht bei Brjánslaekur, beschrieb er unter anderem Buche, Ahorn, Eiche, Erle, Ulme, Platane, Weide, Pappel, Linde, Haselnuss, aber auch Walnuss, Kastanie, Hickory, Magnolie und den immergrünen Lorbeer. Außer vielen Nadelbäumen wurden von Heer noch Sumpfzypresse, Mammutbaum, Wacholder und sogar Reste von Weinreben identifiziert.

Diese Flora wuchs auf Island bis vor ca. 8 Millionen Jahren, dann wurde es immer kälter und ein empfindliches Gewächs nach dem anderen verschwand, schließlich auch die Buche, bis nur noch Birke, Weide und Nadelhölzer übrig blieben. Wenn es auch immer wieder wärmere Phasen gab, das Klima veränderte sich zunehmend in Richtung jenes radikalen Einbruchs, der uns als „Eiszeit" geläufig ist und dem große Teile der Nordhalbkugel zum Opfer fielen. Nun ist es ja keineswegs so, dass es „die" Eiszeit gab, vielmehr hat man sie aufgrund entsprechender Fossil-Funde in einzelne Kalt-Vorstöße mit zwischenliegenden Warmzeiten aufgliedern können; bei Island kommt man da immerhin auf 20 solcher „Kaltzeiten". Die entscheidende Wende liegt etwa 3,1 Millionen Jahre zurück: Für diesen Zeitraum lässt sich die erste Kaltzeit überhaupt datieren.

Wenn man diesen offenbar ziemlich regelmäßigen Wechsel zwischen klimatischen Extremen im Zeitraffertempo an sich vorüberziehen lässt, dann wird die auch von der Wissenschaft ernsthaft gestellte Frage aktuell, ob es sich auch bei dem gegenwärtigen Klima nur um eine solche „Warmzeit" handelt, der „bald" – wobei hier in geologischen Zeiträumen zu rechnen ist – eine neue Kalt-, vielleicht sogar Eiszeit folgen kann, dass also die Flora, die sich auf Island seit dem Rückzug des Binneneises ausgebreitet hat, nur eine Art „Grün auf Abruf" darstellt.

Islands Vegetation kämpft seit vielen tausend Jahren ums Überleben, wobei totale Niederlagen von überraschenden Siegen über eine triste Vulkanlandschaft abgelöst werden. Wenn man bedenkt, in welch hohen Breiten Skandinaviens oder Alaskas – noch weit jenseits des Polarkreises – große, geschlossene Nadelwälder vorkommen, so ist die weitgehende Kahlheit Islands eigentlich erstaunlich. Erklärlich wird diese Kargheit, wenn man die Nähe des riesigen „Eisschranks“ Grönland bedenkt, der die ganze Umgebung, Island eingeschlossen, seinem Klima-Diktat unterwirft. Nur der Golfstrom macht es möglich, dass die Auswirkungen des Grönlandeises und der von Norden kommenden arktischen Kaltwasser-Strömungen so weit abgeschwächt werden, dass auf Island eine durchaus beachtliche Flora existieren kann.

Halldór Laxness

Eine Geschichte vom Hering

Der Hering ist wieder da. Er war siebzehn Jahre lang fort, man hat ihn seit 1909 kaum jemals gesehen. Doch diesen Sommer läßt er wieder seine Gnadensonne über dem Dorf scheinen. Dieses wundersam launenhafte Tier aus der Tiefe des Meeres, es ist wieder da, um letzte Hand anzulegen an das Schicksal der Menschen.

Es ist der Hering, der die Menschen reich oder arm macht, ganz nach seinem Belieben. Er ist es, der ganze Dörfer errichtet und alles gedeihen läßt, er hat ausländische Kaufleute im Schlepptau, und sie lassen sich im Ort nieder und bringen ihr Schäfchen ins trockene, und er baut ihnen schöne Wohnhäuser am Hang. Er ist es, der die Gebäude ihrer Handelsfirmen rot, blau oder grün anstreicht und prächtige Schilder über dem Eingang befestigt. Und die Leute bekommen genug Arbeit; sie brauchen nur eine Stunde Schlaf pro Nacht, denn sie bekommen sowohl Stundenlohn als auch Prämien, und die Jungen können nach Reykjavík in die Schule, wenn der Winter kommt, und die Mädchen bekommen neue Kleider. Und die Häusler kaufen sich Pappe, um ihre Häuschen zu verkleiden, und sogar Farbe, so daß die Bruchbuden unten am Strand genauso farbenprächtig leuchten wie die Häuser des Kaufmanns. Und der Kaufmann macht ein Späßchen, wenn er sie im Ort trifft.

Und wenn das einige Jahre so gegangen ist, verschwindet der Hering. Die Netze werden wie gewohnt ausgelegt, doch die Heringsboote holen sie immer leer wieder ein. Da wird gefischt und gefischt, Tag um Tag, doch man fängt nichts außer Seeungeheuern und Quallen. So vergeht ein Jahr nach dem anderen, der Fjord ist wie ein geleerter Geldbeutel. Wenn der Hering irgendwo gesichtet wird, dann kommen diese Nachrichten aus einer ganz anderen Ecke des Landes. Die mageren Jahre kommen in langen Reihen wie Kolonnen von Gerippen, die lautlos durch den Seetang schwanken.

Der Anblick des Dorfes wird von Jahr zu Jahr trauriger. Die Cutaways der Kaufleute werden immer abgewetzter und grünlicher, sie tragen ausgefranste Krawatten von damals und machen keine Späßchen mehr, wenn sie den Häusler im Ort treffen. Die Handelsfirmen schrumpfen, weil niemand mehr seine Schulden bezahlt, einige machen Bankrott, andere können sich durch die Gnade der Banken über Wasser halten, in der Hoffnung, daß kommende Jahre irgendeine Lösung bringen, und keiner kümmert sich mehr darum, die Flecken zu übermalen, die sich nach längeren Unwettern an den Häusern zeigen. Denn die Farbe bekommt Flecken, die Pappe Risse, das Wellblech auf den Dächern rostet. Die Häuser, die früher in allen Regenbogenfarben spielten, stehen jetzt nebeneinander wie grauscheckige Schindmähren, und manche verfallen ganz; die Leute lassen die Witterung nach Belieben mit ihnen umspringen. Die Pappefetzen an den Außenwänden flattern im Wind in alle Richtungen, die Leute lassen die Treppen morsch werden, so daß es lebensgefährlich wird, sie zu benützen, und die Windfänge verfallen, so daß es zum Hauseingang hereinregnet. Die Leute ziehen sonntags keine besseren Kleider mehr an, und wenn die Jugend tanzen muß, ist die Ziehharmonika kaputt.

Der norwegische Kaufmann, der einstmals der Krösus des Dorfes war, hat jetzt auf den Namen seiner Frau einen kleinen Kramladen unten am Fjord eröffnet und steht selber mit Frostbeulen an den Händen hinter der Theke und verkauft Kautabak für zehn Öre und Lakritze für zwei. Wer es kann, zieht weg, wer dableibt, arbeitet im Sommer beim Straßenbau oder als Knecht bei der Heuernte, und die Kinder und die Frau kümmern sich um das Wiesenstück, das Futter für eine halbe Kuh abwirft. Dann kommt der Winter.

Und die Männer essen Schwarzbrot und Wasserbrei unter der Petroleumlampe, umringt von der schmutzigen Kinderschar; sie gehen zehnmal am Tag in den Ort hinunter und sehen nach dem Wetter und bekommen steifgefrorene Finger, denn die Winterwinde pfeifen durch ihre bloßen und leeren Hände. Der Bezirksschreiber wirft ihnen vor, sie seien abgestumpfte Faulpelze. Er sagt, sie hätten genug Zeit, um Bücher zu lesen und sich zu bilden, statt in Küchen herumzulungern, im Ort zu stehen und zu frieren oder mit ihren Hintern die Ladentheken abzuwetzen. Und wenn Kulturförderer aus Reykjavík das Dorf besuchen und einen kostenlosen Vortrag über Spiritismus, Gesundheitslehre oder Politik ankündigen, dann wundern sie sich sehr darüber, auf den Zuhörerbänken nur den Pfarrer, den Bezirksrichter und den Arzt zu sehen. Sie verstehen nicht, daß der Häusler, der all diese langen Jahre hindurch einen Kampf gegen den Niedergang des Fischfangs und gegen Schulden und Hunger geführt hat, anderen Göttern opfern muß als den Musen und sich ernsteren Problemen gegenübersieht, als daß er Lust hätte, sich endlose Reden über die Dekorationen, die die Wände im Festsaal des Lebens schmücken, anzuhören. Die religiösen Bewegungen interessieren ihn nicht, denn der Hering hat sich nicht mehr sehen lassen, seit der kleine Jonsi geboren wurde, und auch für die Politik und die Gesundheitslehre hat er nichts übrig, solange es nicht sicher ist, ob ihm der Kaufmann noch eine Handvoll Mehl auf Pump gibt.

Nein, sie kümmern sich nicht einmal darum, ihre Kinder aufzuziehen, ihre Kinder sind ihnen so egal, wie einem Kinder überhaupt egal sein können. Sie setzen nur jedes Jahr noch eins in die Welt. Aber das ist nicht deshalb, weil ihnen Kinder so viel Freude machen, und auch nicht, weil sie Kinder so gern haben, wie man erwarten würde, sondern aus ganz anderen Gründen.

Und die Kinder werden am Strand und im Garten groß, oder auf der Straßenkreuzung und am Bach, und lernen zu fluchen, bevor sie sprechen, und zu stehlen, bevor sie etwas verstecken können. Und dem Bezirksschreiber und dem Pfarrer der Freikirche kommen Tränen in die Augen ob dieser Verdorbenheit. Doch diese guten Männer haben nicht bemerkt, daß das Fluchen allmählich nachläßt, wenn die Kinder zehn Jahre alt sind, und die meisten von ihnen, wenn sie das Konfirmandenalter erreicht haben, im Durchschnitt kaum mehr fluchen als die Erwachsenen.

Doch in diesem Sommer kommen die Heringsboote wie einst zu jeder Stunde des Tages und zu jeder Stunde der Nacht randvoll beladen vom Fjord draußen herein. In diesem Sommer verschwindet wieder wie einst der Unterschied zwischen Tag und Nacht in diesem Dorf am Fjord zwischen den Bergen. Die ganze Nacht mischt sich das Motorengeräusch auf dem Fjord draußen mit dem Lärm der schlaflosen Menschen, die dabei sind, Geld zu verdienen.

Drunten auf den Kais wimmelt es von Frauen verschiedensten Alters und verschiedenster Art. Sie tragen die unglaublichsten Jacken und Kittel, und jedes Kleidungsstück ist im Stil jener ungekünstelten Schönheit gehalten, welche allein durch die Bedürfnisse des Alltags entstehen kann. Dasselbe gilt für all die herrliche Vielfalt der Hüte, Mützen und Kappen, die man hier sehen kann. Das weibliche Wesen gibt es nicht, das in diesen Tagen nicht den heiligen Bezirk des häuslichen Herdes verlassen hat, um die Herrlichkeit entgegenzunehmen. Die Mütter stecken ihre Säuglinge in die Wiegen und gehen hinaus, um auszunehmen, die jungen Mädchen verlassen überstürzt ihre Nähtische und die ungezogenen Nadeln, die während der ganzen

Backfischzeit ihre Träume zerstochen haben, und die alten Jungfern springen mitten in einer halberzählten Geschichte auf und lassen die Kaffeekanne samt Filterbeutel im Stich. Die Boote schmiegen sich an die Kais wie Verliebte; dort stehen die Männer mit Keschern bis zu den Knien in der Herrlichkeit und schaufeln aufgeregt und voller Schuppen den glitzernden Wunderfisch in die Kisten auf dem Kai, während die Frauen schon ihre Messer bereithalten. Welch ein Jubel, welch eine Geschäftigkeit. Nach siebzehnjähriger Abwesenheit ist der Herr wieder da.

Es gibt nur einen Gedanken, der im Ort gedacht wird, ein Wort, das gesprochen wird, oder besser gesagt: um dieses eine Wort und diesen einen Gedanken drehen sich alle anderen Worte und alle anderen Gedanken: Hering. Was in Klondike Gold genannt wurde, heißt in den Fjorden Hering. Über dieses gesegnete Tier wird in jeder Küche und in jedem Gemüsegarten gesprochen, man spricht von ihm am Bach und auf der Straßenkreuzung und am Strand. Selbst in den Stuben des Pfarrers, des Arztes und des Bezirksrichters hört man nichts anderes als das Neueste über den Hering. Vor zwei Wochen lag das Dorf in einer siebzehn Jahre alten Verdammung, doch nun heißt es in der Bank, daß während der letzten Wochen ein Vermögen von einer Million Kronen dem Meer entrissen worden sei. Vor zwei Wochen stand der Häusler auf seinem Wiesenstück und wurde mit jedem Sensenschnitt entschlossener, um Unterstützung von der Gemeinde anzusuchen, denn das Gras war kümmerlich, und es lag auf der Hand, daß das bißchen Heu, das die Wiese abwarf, nie ausreichen würde, um die halbe Kuh zu füttern, die ihm zusammen mit seinem Schwager gehörte. Jetzt hatte der Hering eine durchgreifende Veränderung dieses sogenannten Daseins bewirkt, das für die Leute hier im Dorf vor allem eine Plage gewesen war; der Fjord schien unerschöpflich zu sein, und der Anteil des Häuslers würde nicht nur ausreichen, um die Schulden zu bezahlen, sondern ihm sogar gestatten, genug Schnaps für Weihnachten zu kaufen, falls sich die Hoffnung auf Herbsthering erfüllte.

Innerhalb kürzester Zeit geschehen so viele schicksalsträchtige Dinge, daß sie ausreichen würden, um jede durchschnittliche Chronik in eine Sammlung von unglaubhaften Fabeln zu verwandeln, wenn sich jemand die Mühe machte, sie aufzuschreiben. Habenichtse werden steinreich und brauchen dazu nicht länger, als eine gewöhnliche Sauferei dauert; Bankrotteure schnellen wieder nach oben wie der Kork eines Spielzeuggewehrs, bevor man Zeit hat, sich eine Prise zu genehmigen. Kerngesunde Wikinger verausgaben sich so, daß sie erschöpft auf dem Plan zusammenbrechen, die Sprache verlieren und mir nichts dir nichts den Geist aufgeben. Ehrbare und ruhige Männer werden von den schlaflosen Nächten und der Überanstrengung aggressiv und ziehen grölend und mit feuerroten Augen durch die Straßen, zertrümmern Fensterscheiben, lästern Gott und gehen auf Leute los. Todkranke Männer erheben sich aus dem Bett, werfen dem Arzt den ganzen Arzneikram ins Gesicht und verdingen sich an die Netze. Es gibt sogar Beispiele dafür, daß Frauen Geburtswehen bekommen, während sie an den Heringskisten stehen, und daß man sie unter Ausübung von Zwang davon überzeugen muß, daß es besser für sie ist, wenn sie währenddessen irgendwo hingehen, wo nicht alle Leute zuschauen können. Nach einer Weile kommen sie wieder und machen weiter mit dem Ausnehmen, als ob nichts geschehen sei, und die Kühe dringen brüllend in die Gemüsegärten ein, um nach ihren Melkerinnen zu suchen, und zertrampeln aus reiner Bosheit das ganze Kartoffelkraut, bis irgendein Junge vom Kai unten mit einem großen Hering in der Hand hinaufgeschickt wird, um sie zu vertreiben. Und er schlägt nach ihnen mit dem Hering.

Halldór Laxness
Hufbeschlag am Gletscher

Hufschmiede
Die Sonne beschien den Gletscher und die Reparaturwerkstatt für Primuskocher stand offen. Hier wurden auch Pferde beschlagen. Am 18. Juni 1857, als Professor Doktor Otto Lidenbrock hierher kam, war der Gemeindepfarrer eifrig damit beschäftigt, ein Pferd zu beschlagen, und das war er auch jetzt wieder, dieses Mal mithilfe eines zweiten Mannes. Das Pferd war am Pfosten der Schuppentür an einem Haken festgebunden. Der Hufschmied war von der gleichen Art wie sein Vorgänger und beschlug das Pferd zu Ende, ehe er Gäste begrüßte. Das Pferd war ein großknochiger Gaul, der gerade in der Frühjahrsmauser war und noch nicht wieder gut im Futter stand. Ein ehrenwerter Bauer stand gebückt unter dem Pferd, hatte dessen Fessel im Arm und hielt den Huf unter das Eisen. Der Hufschmied beschlug; er hatte einen Lederschurz um, sein Haar war grau meliert, wirr. Die Hufnägel hatte er im Mund. Diesem großen Pferd wäre es sicher ein Leichtes gewesen, den Haken aus dem Türpfosten zu ziehen oder gar den Schuppen umzureißen.

Der Hufschmied: „Darf ich den Gast bitten, einen Augenblick das Pferd zu halten, bis ich fertig bin? Wir möchten ihm keine Knebeltrense anlegen. Man könnte es hinter dem Ohr kraulen. Leider habe ich keinen Striegel."

Unterzeichneter fasste die Zügel des Pferdes dicht am Maul und begann es hinter dem Ohr zu kraulen. Das

Pferd ließ es sich gefallen und beruhigte sich, sodass Unterzeichneter den Gletscher betrachten konnte. In Wirklichkeit ist der Gletscher ein zu einfacher Anblick, um das zu sein, was man schön nennt – ein Wort, von dem niemand weiß, was es bedeutet, und womit der eine dies, der andere jenes meint; eines jener Wörter, die man lieber nicht verwenden sollte, weder in Bezug auf einen Gletscher noch auf etwas anderes.

Unterzeichneter hatte diesen Gletscherberg bisher nur aus zu großer Entfernung gesehen, und jetzt sollte er für eine Weile mit ihm bekannt werden. Der Berg erinnert zuweilen an ein umgestülptes Tongefäß mit bläulicher Glasur und zuweilen an durchsichtiges Chinaporzellan mit Goldrand, besonders wenn die Sonne im Westen tief über dem Meer steht, denn dann umspielen ihre Strahlen den Firnschnee von beiden Seiten. Von hier aus gesehen hat der Gletscher schon eine grobe Struktur angenommen wie eine schlecht geratene Lithografie; der Firn ist an vielen Stellen von unterhalb, wie sie hier sagen, vom Regen verwaschen und hat Streifen bekommen wie ein verschmierter Druck. Wahrscheinlich müsste noch die Hälfte des Gletscherschnees schmelzen, bis man von Sommer im Lande sprechen könnte. Irgendein Magnet, den ich mir nicht erklären kann, zieht die Blicke zum Gipfel. Der Gipfel ist eingekerbt und zwei blendend weiße Gletscherhöcker ragen empor, umgeben von sehr kaltem, hypnotisierendem Licht. Zwischen diesen Höckern liegt der Krater, in den sich gemäß dem Rat des Goldmachers Arni Saknussemm jene drei Männer stürzten: Professor Lidenbrock aus Hamburg, sein Neffe Axel und der Isländer Hans Bjelke, der Isländisch auf der Grundlage eines Wörterbuchs sprach, das es um die Mitte des 19. Jahrhunderts in Frankreich gab und das ein schwedisches gewesen sein dürfte; und, wie bereits erwähnt, fanden diese Helden den Mittelpunkt der Erde.

Sira Jon Primus ist mit dem Beschlagen fertig. Er reckt sich, reibt sich aus Gründen der Reinlichkeit die

Hände, tritt zu mir und grüßt; ein hochgewachsener, hagerer Mann, sehnig, eingegraut von Feilspänen, Rost, Ruß und Schmieröl. Aus all diesem Schmutz blicken lebendige Augen, blau wie Quellwasser vor der Sonne.

Sira Jon Primus: „Schöne Behandlung, die man einem Gast und Fremden am Gletscher zuteil werden lässt: man fordert Sie auf, ein Pferd zu kraulen. Schlimm, dass es mir nicht gelungen ist, aus der Hauptstadt einen ordentlichen Pferdestriegel zu bekommen; ich habe es lange vergeblich versucht. Dort haben sie nur einfache Rinderstriegel."

Unterzeichneter griff in seine Tasche und zog die Instruktion des Bischofs hervor. Sira Jon Primus setzte seine Näherinnenbrille auf und las. Der Brief war ziemlich kurz gehalten.

Sira Jon Primus: „Ich hatte gehofft, der Bischof käme selbst. Er ist ein äußerst angenehmer Mensch. Mir macht es jedes Mal Spaß, mit dem Alten zu plaudern. Wir sind uns nie einig. Aber in allem kommt es darauf an, einer Meinung darüber zu sein, dass man verschiedene Meinungen hat. Ich hoffe, sein Rheuma hat sich gebessert. Doch ich weiß nicht recht, was ich mit Ihnen anfangen soll. Was für einen Status haben Sie, mit Verlaub?"

Vebi: „Ich gebe Unterricht in Rechnen und Dänisch."

Sira Jon Primus: „Ich möchte Sie bekannt machen mit einem angesehenen Mann aus einem Kirchspiel in einem entfernten Bezirk, der hierher gekommen ist, um nach zwei entlaufenen Pferden zu suchen, einem Fuchs und einem Schimmel. Den Schimmel hat er schon gefunden, vom Fuchs hat er etwas gehört: es ist mein guter Helgi auf Torfhvalastadir im Langavatnsdalur, Gemeinderatsvorsitzender. Er besitzt die größten Pferde im ganzen Land. Begrüße den Vertreter des Bischofs, lieber Helgi."

Helgi auf Torfhvalastadir hatte rote Haare und ein rötliches, großes, ehrliches Gesicht; seine Brille leuchtete hell. Er kam auf mich zu mit einem sonnigen Lächeln, das aus dem Weltall stammte, und sagte mit seidenweicher Stimme, aus dem Lächeln heraus: „Es war schon immer meine Schwäche, große Pferde zu kaufen. Schön wäre es, jetzt mit gebildeten Leuten disputieren zu können, statt nach Pferden suchen zu müssen."

Sira Jon: „Es bleibt genug Zeit, mit Bischöfen zu disputieren, wenn du den Fuchs gefunden hast, lieber Helgi."

Helgi auf Torfhvalastadir im Langavatnsdalur, das heißt Langenseetal, hernach im Text Langenseer genannt: „Es verhält sich so, dass ich beide Gäule für eine Gletscherwanderung morgen früh ausgeliehen hatte."

Sira Jon: „Ich beschlage auch den Fuchs für dich, wenn du ihn bringst. Doch das ist alles, was du von mir bekommst. Von dem anderen, über das wir gesprochen haben, wollen wir nicht mehr reden, lieber Helgi; wir wollen uns darüber einig sein, dass wir uns darüber nicht einig werden, und trotzdem gute Freunde bleiben."

Der Langenseer: „Tja, nun setze ich meine Hoffnung nicht mehr auf dich, lieber Sira Jon. Jetzt mache ich mich an den Bischof selbst heran, der, wie mir scheint, sich per analogiam hier bei uns befindet. Doch ehe ich es vergesse, lieber Sira Jon, wie viel habe ich für das Beschlagen zu bezahlen?"

Sira Jon: „Sagen wir fünfundzwanzig Öre per analogiam für jeden Fuß, da du die Hufeisen selbst mitgebracht hast."

Der Langenseer: „Fünfundzwanzig-Öre-Stücke werden nicht mehr geschlagen, Sira Jon."

Sira Jon: „Nun ja, komm trotzdem wieder, wenn du den Fuchs gefunden hast."

Der Langenseer, anscheinend zu mir, denn er hatte in dieser Sache schon oft mit dem Pfarrer verhandelt: „Wir wollen nämlich morgen früh schnell mal auf den Gletscher, etwas holen, und es könnte sich leicht ergeben, dass wir die Kirche brauchen."

Sira Jon: „Sieh nun zu, dass du fortkommst, Bauer, und führe den Teufel nicht in Versuchung, wie der selige Sira Jens auf Setberg den Leuten zu sagen pflegte."

Verantwortungsvolles Amt

Sira Jon: „Sie entschuldigen, dass er sein Latein nicht an den richtigen Stellen anbringt. Er ist einzig auf der ganzen Welt, aber man darf ihn das nicht merken lassen. Er hat eine Theorie, oder besser gesagt, eine Fabel. Er glaubt, er habe das Pulver erfunden. Ich hoffe, er hält es trocken. Doch wenn er sagt, er brauche eine Kirche, dann sage ich pass, und davon bin ich nicht abzubringen."

Vebi: „Was will er mit einer Kirche?"

Sira Jon: „Sie wollen dort eine Wiederbelebung versuchen."

Vebi: „Entschuldigen Sie, ich tappe ein bisschen im Dunkeln."

Sira Jon: „Die Kraft der Allmacht soll aus den Galaxien empfangen werden. Der Snæfellsgletscher soll Verbindung haben. Dem kann man nur beistimmen. Aber die Kirche bekommen sie nicht ohne meine Einwilligung. Außerdem ist sie zugenagelt."

Vebi: „Gut, dass Sie davon sprechen, Sira Jon. Zugenagelt! Die Kirche! Das sind recht traurige Nachrichten. Wer hat diese Kirche zugenagelt? Was kann man da tun?"

Sira Jon: „Der Gletscher steht offen."

Vebi: „Jemand hat gesagt, dass zu Weihnachten kein Gottesdienst abgehalten wurde. Ist das wahr?"

Sira Jon: „Was erhabener ist als Worte, schweigt besonders zu Weihnachten, mein Lieber. Doch, wie gesagt, das ist der Gletscher."

Vebi: „Der Bischof hat mich hergeschickt, um Unterstützung bei der Lösung von Problemen anzubieten, die seiner Ansicht nach auf diese Gemeinde zukommen."

Sira Jon: „Kaum jemand macht sich einen Begriff davon, welche Verantwortung einem auferlegt ist, der sich um die Pflege des Christentums am Gletscher kümmern soll. Es ist kein Zuckerlecken. Ich habe die ganze Nacht eine Pferdeherde aus einem anderen Kirchspiel beschlagen. Mir wird oft zum Vorwurf gemacht, dass ich unbekannten frei gehenden Pferden Heuabfälle bringe und Pferdeherden aus fremden Kirchspielen beschlage. Ich frage: Was ist eine fremde Herde und was ist eine heimische Herde?“

Vebi: „Die Lebensbedürfnisse von Pferden – sind sie so dringlich, dass die Seelsorgertätigkeit hintanstehen muss?“

Sira Jon: „Von einem Pferd weiß man nur eins mit Sicherheit: Es gehört keiner Kirchengemeinde an, ist nicht getauft, nicht erlöst; meist sitzt ein Betrunkener im Sattel. Obendrein besteht kein Bedarf für Pferde in einem Land, in dem Betrunkene und Nichtbetrunkene dazu übergegangen sind, Auto zu fahren. Dennoch hält man dieses Tier weiter, um damit großzutun, es zu quälen, darüber Lobgedichte zu machen und es zu essen. Doch mehr tut not, als Pferde zu quälen und sie zu besingen, wie man es hier tut: sie müssen beschlagen werden, damit man sie ins Schlachthaus treiben kann. Meines Erachtens gehört das Beschlagen von Pferden zur Seelsorge. Doch die Kirche bekommen sie nicht; nicht einmal für Pferde.“

Vebi: „Der Bischof macht sich große Sorgen wegen dieser Regelung: Was können wir für Sie tun?“

Sira Jon: „Wollen Sie für mich den Kuhstall ausmisten?“

Vebi: „Das steht zwar nicht in meiner Instruktion, aber mir wurde beigebracht, dass kein Wertunterschied zwischen Arbeiten besteht, nur ein Unterschied in der Sorgfalt, mit der sie ausgeführt werden.“

Sira Jon Primus lachte wie ein kleiner Junge, der Erwachsenen Rätsel aufgibt und ihre Intelligenz verachtet, weil er die Lösungen selber kennt. „Ich habe nämlich keine Kuh. Habe mir seit Langem Kühe vom Halse geschafft. Doch jetzt haben sie Stößeldora ein Kalb geschenkt.“

Vebi: „Dieses Kalb hat gestern Abend Unterzeichneten empfangen.“

Sira Jon: „Kam Ihnen sein Gesichtsausdruck nicht recht klug vor? Stößeldora meint, dass es krepiert. Ich glaube, es bleibt am Leben. Das Frühjahr kommt den Kälbern zu Hilfe.“

Vebi: „In gewisser Hinsicht ein guter Repräsentant."

Sira Jon: „Sicher der Weltschöpfung näher als der Gemeindepfarrer."

Vebi: „Ich zweifle nicht daran, dass ein Kalb seine Aufgabe in der Schöpfung erfüllt, auch wenn es vor Hunger am Krepieren ist. Hingegen hat ein Gemeindepfarrer die Aufgabe, den Bauern zu predigen. Warum erfüllt er diese Aufgabe nicht?"

Sira Jon: „Die Bauern haben Besitz und Sippe."

Vebi: „Besitz stirbt, Sippen sterben."

Sira Jon: „Das macht nichts."

Vebi: „Du selbst stirbst wie sie."

Sira Jon: „Allah ist Allah."

Vebi: „Keine Offenbarung?"

Sira Jon: „Die Lilien auf dem Felde."

Vebi: „Ja, die Lilien auf dem Felde. Da haben Sie das Richtige gesagt! Ist es nicht geradezu angebracht, über sie zu predigen – zum Beispiel zu Weihnachten?"

Sira Jon: „Ach nein, lieber schweigen. Das tut der Gletscher. Das tun selbst die Lilien auf dem Felde."

Vebi: „Sind Sie sicher, dass die Blumen schweigen, wenn ein hinreichend starkes Mikrofon davorgestellt wird?"

Sira Jon: „Sie können gern auf die Kanzel steigen, junger Mann. Wir ziehen augenblicklich die Nägel aus der Kirchentür."

Vebi: „Ich kann natürlich für Sie auf die Kanzel steigen, zumal ich mich Theologe nenne; aber ich sehe nicht, dass dadurch etwas besser wird. Ich wurde doch nicht hergeschickt, um Ihr Hilfspfarrer zu werden, auch bin ich nicht geweiht. Ich frage nach Amtsführung und Gemeindeleben. Ich habe den Auftrag, eine Bestandsaufnahme von der Kirche zu machen."

Sira Jon: „Dann muss ich einen Zimmermannshammer holen. Doch erst schlage ich vor, dass wir uns einen Schluck Kaffee und echten Donnerer leisten; ich habe wirklich schon lange nichts mehr gegessen. Soll ich nicht den Primus, meinen Namensvetter, anmachen?"

Es wäre wenig höflich gewesen, die Bewirtung eines Mannes abzuschlagen, der nach Alter und Ansehen weit über mir stand. Allerdings hatte ich an diesem Morgen schon zwei Kaffeesturzseen samt dem unvermeidlichen Kuchentreibgut überstanden. Vielleicht gab es den Ausschlag, dass der Pfarrer ehrliches Vollkornbrot erwähnte, obwohl er ihm einen Namen gab, der zu seiner geringen Rechtgläubigkeit passte.

Er ging in den Schuppen und ich sah, wie er mit dem Primuskocher hantierte, Spiritus in die Schale goss, den Spiritus anzündete, wartete, bis der Kopf heiß war, die Entlüftungsschraube am Bassin schloss, dann mit allen Kräften Petroleum in den glühenden Kopf pumpte. Eine violette Flamme war entstanden, dazu ein romantisches Rauschen wie von einem Wasserfall: die ganze Methode, wie der Kirchenvorsteher Tumi Jonsen sie mir in den Hauptzügen beschrieben hatte. Wasser hatte der Gemeindepfarrer in einem Eimer zu stehen und Kaffee in einer Blechbüchse. Als das Wasser zu kochen begann, gab er gemahlenen Kaffee aus der Büchse nach Gutdünken in den Kessel. Er rührte mit einer Feile in dem schäumenden Kaffee, damit er nicht überkochte. Dann holte er einen stattlichen Laib schwarzen Topfbrots hervor, holte das Taschenmesser aus der Tasche und schnitt dicke Scheiben ab, keine unter drei Zentimeter. Butter hatte er in einem Tongefäß zwischen verrostetem Eisenkram; er sagte, dass das Eisen die Butter kühl halte, sodass sie nicht weich würde, wenn es im Sommer im Schuppen heiß wäre. Er stach in die Butter mit einem Stechbeitel aus dem Gefäß; auch die Butterportion war nicht knapp bemessen. Er sagte mir, ich solle sie mit meinem Taschenmesser auf das Brot schmieren, und wenn ich kein Taschenmesser hätte, sollte ich die Butter mit dem Finger auftragen; er zeigte mir wie: der rechte Daumen wird schräg gestellt, sodass er einen Winkel von ungefähr dreißig Grad mit der Brotschnitte bildet. Er bat mich um Entschuldigung dafür, dass er zu schmutzige Hände hätte, um es für mich zu tun. Dann goss er Kaffee in zwei alte Tonkruken, die ursprünglich sicherlich dänische Beerenkonfitüre enthielten, wie sie zu Anfang des Jahrhunderts eingeführt wurde. Diese Kruken fassen nahezu einen halben Liter. Aus einer viereckigen Blechdose schüttete er mithilfe eines Spachtels Unmengen braunen Zucker in den Kaffee, sodass er beinahe überlief, und rührte ihn bei uns beiden mit einem sechszölligen Nagel um. Wir setzten uns wieder auf die Bank am Schuppen direkt gegenüber dem Gletscher, schlürften diesen honigsüßen Kaffee und bissen in die dicken Schnitten, auf denen so viel Butter war, dass man nach Dänemark fahren muss, um etwas Ähnliches zu erleben. Vielleicht ist es aber auch Margarine gewesen. Mir ist es gleich, es war eine herrliche Mahlzeit, was man auch sagen mag; ich konnte mich auch nicht enthalten zu sagen: Welch beispiellos herrliches Brot! Sira Jon Primus: „Die Frauen auf allen Höfen versehen mich mit Topfbrot. Es ist unterschiedlich, doch niemals schlecht, wenigstens wird mir nie unwohl davon. Und die Frau, die heute dran war, ist eine recht gute Frau: vielleicht haben wir sie morgen wieder." Er zeigte auf meine Schuhe. „Donnerwetter, sind die aber schön. Was kosten denn heute solche Schuhe in Reykjavík?"

Ich nannte einen ungefähren Preis, und ihm schien er hoch.

Sira Jon: „Es ist eine Freude, schöne Schuhe zu haben. Ich hatte einmal schöne Schuhe. Und ein Mädchen."

Vebi: „Und jetzt?"

Sira Jon: „Ich habe den Gletscher und natürlich die Lilien auf dem Felde: sie sind bei mir, ich bin bei ihnen; aber vor allem der Gletscher. Kein Wunder, dass er diese guten Mädchen hier gedeihen lässt. Früher, wenn ich müde war, freute ich mich darauf, abends vom Gletscher weg einzuschlafen. Ich freute mich auch darauf, morgens zu ihm hin aufzuwachen." (Hier lächelt der Gemeindepfarrer lyrisch und sieht mich an.) „Jetzt freue ich mich schon darauf, von diesem verantwortungsvollen Amt fort und in den Gletscher einzugehen."

Der Gletscher

Wenn man über die Pflege des Christentums am Gletscher berichtet, darf man nie den Gletscher vergessen; wenigstens nicht für lange. Vielleicht sind einige anknüpfende Gedanken des Unterzeichneten zu diesem Thema, die im Folgenden wiedergegeben werden, nicht gänzlich unzutreffend, wenn sie vielleicht auch nicht dem heutigen Tag angehören: Doch alle anderen Tage sind einmal der heutige Tag gewesen, und die, welche noch kommen, werden einmal der heutige Tag sein.

Dieser Gletscher ist nie wie ein gewöhnlicher Berg. Wie bereits gesagt, ist er nur eine Kuppe und ragt nicht sehr hoch in den Himmel. Es ist, als hätte dieser Berg keine Meinung. Er behauptet nichts. Er will niemandem etwas aufdrängen, möchte keinem zu nahe treten. Geübte Bergsteiger kommen auf dem kürzesten Weg hierher, um den Berg zu besteigen, weil er einer der berühmtesten Berge der Welt ist. Und wenn sie ihn sehen, fragen sie: „Ist das alles?" und haben keine Lust mehr, ihn zu besteigen. In dem Gebirge, das sich nach Osten an den Gletscher anschließt, gibt es eine Unzahl verschiedener Berge, wie Leute auf einer Fotografie, diese Berge sind nicht alles und nichts wie der Gletscher, sondern mit kleinen Besonderheiten ausgestattet. Einige sollen sich bei Nordsturm aufblasen und zu brüllen anfangen. Manche guten Bergsteiger sagen, der Gletscher sei nicht interessant, aber die Helgrindur seien interessant, und es läge näher, die Helgrindur zu besteigen. Helgrindur bedeutet Tor der Hölle.

Oft hört man von hellseherischen Leuten, dass ihre Seele den Körper verlassen kann. Das passiert dem Gletscher nicht. Doch das nächste Mal, wenn man wieder hinsieht, hat der Körper den Gletscher verlassen, und nur die Seele ist übrig, in Luft gehüllt. Wie Unterzeichneter weiter oben im Bericht erwähnt hat, steht der

Gletscher zu gewissen Tageszeiten verklärt in einer besonderen Helligkeit da, in goldenem Licht von großer Strahlungskraft, und alles außer ihm wird armselig. Es ist, als gehöre der Berg nicht mehr zur Erdkunde, sondern sei in die Ionosphäre entrückt. Ob nicht der Elfenwidder, den Stößeldora gesehen hat, der Gletscher war? Ein eigenartiger Berg. Des Nachts, wenn Sonne hinter den Bergen steht, wird der Gletscher zu einem stillen Schattenbild, das in sich selbst ruht und Menschen und Tieren das Wort „nie" zuatmet, das vielleicht „stets" bedeutet. Komm, Hauch des Todes!

Jules Verne

Der Einstieg zum Mittelpunkt der Erde

Jetzt begannen wir den Hang des Snäfells zu ersteigen. Der schneebedeckte Gipfel des Berges schien nicht besonders weit entfernt zu sein. Wahrscheinlich hatte ich mich gewaltig verschätzt, wie es gerade in den Bergen häufig vorkommt, denn der Aufstieg war sehr anstrengend und dauerte mehrere Stunden.

Immer wieder lockerten sich Steine unter unseren Tritten, rollten hinab und lösten kleine Geröllawinen aus. Anfangs kamen wir gut voran, aber dann wurde das Gelände immer steiler. Wir hielten uns an den verstreut umherliegenden Felsblöcken fest und zogen uns hinauf. Dabei stützten wir uns auf unsere eisenbeschlagenen Stöcke.

Mein Onkel blieb immer in meiner Nähe und half mir, wenn ich wieder einmal schlecht vorwärtskam oder strauchelte. Ihm machte das Steigen gar nichts aus. Er schien einen angeborenen Klettersinn zu besitzen. Die Isländer stiegen mit bewundernswerter Leichtigkeit und schleppten unser Gepäck, als sei es gar nicht vorhanden.

Wenn ich zum Gipfel sah, bildete ich mir ein, dass es von dieser Seite aus unmöglich sein müsse, ihn zu erklettern. Zum Glück stießen wir endlich dicht vor der geschlossenen Schneedecke der Bergkuppe auf eine treppenähnliche Strecke, die uns das Steigen sehr erleichterte. Sie wurde von Steinen gebildet, die der Vulkan bei seinen Ausbrüchen herausgeworfen hatte. Die Stufen waren nicht sehr gleichmäßig, aber sie boten uns festen Halt. Wir waren froh, uns das mühselige

Geschäft des Bergsteigens auf diese Weise erleichtern zu können.

Gegen sieben Uhr abends hatten wir ungefähr zweitausend Treppenstufen hinter uns gebracht und verschnauften auf einem Vorsprung des Berges unterhalb des Kraters. Es war grimmig kalt, ein schneidender Wind fauchte. Ich war erschöpft und sehnte mich nach Ruhe. Der Professor merkte, dass es mit meinen Kräften nicht mehr weit her war, und verfügte widerwillig eine Ruhepause. Der Eiderjäger kümmerte sich jedoch nicht um diese Anordnung, sondern schüttelte nur den Kopf und sagte:

„Ofvanför!“

Mein Onkel wusste nicht genau, was dieses Wort zu bedeuten hatte, aber er meinte, es habe den Anschein, als sollten wir zunächst noch weitersteigen. Dann erkundigte er sich bei Hans nach dem Grund seiner Befehlsverweigerung.

„Mistour!“, war die Antwort.

„Ja, mistour!“, bestätigte einer der Isländer und machte ein erschrockenes Gesicht.

„Was soll das heißen?“, fragte ich unruhig.

„Sieh dort hinunter“, meinte der Professor.

Tief unter uns auf der Ebene erhob sich ein gewaltiger Wirbel aus Sandstaub und Bimssteinpulver. Er sah wie eine riesige Windhose aus und erinnerte mich an Bilder, die ich von einem Taifun gesehen hatte. Der Wind peitschte die strudelnde Wolke auf unserer Seite des Berges hinauf. Die Sonne war nicht mehr zu sehen. Die Berge ringsum verschwanden hinter einem drohenden Schatten. Diese Naturereignisse kommen in Island recht häufig vor, wenn der Wind von den Gletschern her weht. Die Einheimischen nennen sie „mistour“.

„Hastigt, hastigt!“, rief Hans.

Auch wenn man Dänisch nicht verstand, wurde einem klar, dass wir uns beeilen sollten, dem Eiderjäger zu folgen. Er lief uns voraus und umrundete ein Stück des Kraterkegels, bis er sich im Windschatten des

Staubstrudels befand. Wir folgten ihm schnell und waren kaum in Sicherheit, als sich hinter uns die ganze Gewalt des Wirbelwindes austobte. Der ganze Berg dröhnte unter dem Anprall des Windes. Wie beim Ausbruch eines Vulkans flogen Steine durch die Luft. Es regnete Schutt und Geröll, vermengt mit dem Hagel von Millionen Sandkörnern.

Ohne das rechtzeitige Ausweichen unseres Eiderjägers wären wir entweder von diesem Steinregen erschlagen oder vom Wind fortgerissen worden.

Hans hielt es für unklug, die Nacht an der Außenseite des Vulkankegels zuzubringen. Wir kletterten weiter und brauchten für die letzten fünfhundert Meter noch über fünf Stunden Zickzack-Aufstieg, wobei wir Umwege von ungefähr dreißig Kilometern zu machen gezwungen waren.

Ich konnte nicht mehr weiter. Die Kälte setzte mir ebenso zu wie die dünne Luft in dieser Höhe. Außerdem hatte ich Hunger. Aber niemand kümmerte sich um meine Beschwerden. Wir kletterten weiter, bis wir kurz vor Mitternacht endlich den Gipfel und damit das Ziel unserer Tagesreise erreichten. In dieser Höhe war es dunkel. Bevor ich ein Stück in den Krater hinabkroch, sah ich mich noch einmal um und bemerkte, dass die Mitternachtssonne ihren tiefsten Stand erreicht hatte und nur noch ein paar spärliche Strahlen auf die zu meinen Füßen schlummernde Insel warf.

Für das Abendessen verschwendeten wir nicht viel Zeit. Jeder suchte sich bald ein Nachtlager. Obwohl ich von vornherein nicht mit einer bequemen Unterkunft gerechnet hatte, kam mir der Steinboden des Kraters reichlich hart vor. Trotzdem schlief ich so gut wie schon lange nicht mehr. Ich träumte nicht einmal. Vor lauter Müdigkeit waren alle Sorgen vergessen.

Am nächsten Morgen wachten wir bei schönstem Sonnenschein auf, waren aber halb erfroren von der Kälte der Nacht. Ich erhob mich stöhnend von meinem Granitlager, streckte meine Glieder und beschloss, zum

Ausgleich für die nächtliche Strapaze einen Blick über den Kraterrand zu werfen und Island aus der Höhe zu besichtigen.

Wir befanden uns auf dem Gipfel der südlichen Spitze des Snäfells-Jökull. Von hier aus konnte man einen erheblichen Ausschnitt der Insel Island bewundern. Die tiefen Täler sahen aus wie schmale Ackerfurchen, die mächtigen Abgründe wie Ententeiche und die Flüsse wie armselige Bäche. Rechts von mir reihte sich Gletscher an Gletscher, dazwischen reckten sich schneebedeckte Berge. Ihr Anblick erinnerte mich an die Oberfläche eines stürmisch bewegten Meeres. Im Westen lag die endlose Weite des Ozeans. Die Grenze zwischen Land und Meer war nicht zu erkennen.

Zu meiner Überraschung stellte ich fest, dass ich kein Schwindelgefühl mehr kannte. Die Exerzitien meines Onkels hatten also doch dauerhaften Erfolg gebracht. Während ich mich dem Rausch des Betrachtens hingab, vergaß ich ganz, was mir bevorstand, bis mein Onkel mit Hans auf mich zukam und mich zur Wirklichkeit zurückführte.

Der Professor zeigte nach Westen auf eine leichte Dunstwolke über dem Meer, die bei näherem Zusehen festere, landähnliche Formen anzunehmen schien.

„Grönland!“, sagte er. „Wir sind keine fünfunddreißig Stunden mehr davon entfernt. Bei Tauwetter kommen die Eisbären auf Eisblöcken von Grönland bis nach Island geschwommen. Aber das ist zurzeit ganz unwichtig. Wir haben den Gipfel des Snäfells erreicht. Der Berg hat zwei Spitzen, eine südliche und eine nördliche. Hans, wie heißt der Gipfel, auf dem wir stehen?“

„Scartaris.“

Mein Onkel sah mich triumphierend an. „Zum Krater!“, kommandierte er.

Der Krater des Snäfells sah wie ein umgekehrter Kegel aus. Seine Mündung hatte einen Durchmesser von ungefähr fünf Kilometer. Er war etwa sechshundertfünfzig Meter tief. Ich stellte mir vor, wie es aussehen musste, wenn dieses ungeheure, nach unten spitz zulaufende Loch sich mit Donner und Blitz füllte. Der Abhang war nicht besonders steil, es würde uns keine großen Schwierigkeiten machen, hinunterzugelangen.

Unwillkürlich verglich ich die Mündung des Kraters mit einer ungeheuren Donnerbüchse. Nur Narren würden es wagen, in eine geladene Donnerbüchse zu klettern, die jeden Augenblick losgehen konnte. Zweifellos waren der Professor und ich komplette Narren, wenn wir jetzt nicht sofort umkehrten.

Aber es war schon zu spät. Hans stieg mit gleichgültigem Gesicht voran. Ich folgte ihm schweigend und wusste, dass ich nun unwiderruflich in mein Verderben kletterte.

Damit uns der Abstieg leichter fiel, bewegte sich Hans auf einer spiralförmigen Bahn abwärts. Wir wanden uns mehr als einmal zwischen Felsbrocken hindurch, die bei einer der Eruptionen ausgeworfen worden sein mussten. Manchmal verlor einer der Felsen das Gleichgewicht, wenn wir ihn berührten, und polterte dumpf krachend hinab.

An manchen Stellen stießen wir auf große vergletscherte Flächen. Dann tastete Hans unseren Weg besonders sorgfältig ab, damit wir nicht in Gletscherspalten gerieten. Ein paar Mal hielt er es für notwendig, dass wir uns anseilten. Falls dann wirklich jemand ausrutschte oder einbrach, konnten wir ihn im Notfall halten.

Der Abstieg ging trotz aller Hindernisse ohne Unfall ab. Hin und wieder sah ich mich um zur Mündung des Kraters und entdeckte nur noch ein kleines Stückchen Himmel, das immer winziger und unbedeutender wurde. Nur an einer Stelle schaute die Scartaris-Spitze ein wenig über den Rand. Mittags kamen wir unten an. Kurz zuvor verlor einer der Isländer eine Seilrolle, die hüpfend bis zum Abgrund rollte und in der Tiefe verschwand.

Am Boden des Kraters fanden wir drei offene Kamine, aus denen vor Hunderten von Jahren Lava, Asche und Gluthauch ausgeworfen worden waren. Jeder dieser Kamine hatte ungefähr dreißig Meter Durchmesser. Ich hatte nicht den Mut, mir einen davon näher zu betrachten oder sogar hineinzusehen.

Der Professor war schnell mit der Untersuchung der Kamine fertig. Nun schätzte er ihre Lage ab, lief von einem zum andern, fuchtelte mit den Händen in der Luft herum, knurrte unverständliches Zeug vor sich hin und benahm sich so merkwürdig, dass Hans mit seinen drei Trägern, die auf Lavablöcken saßen, ihn für verrückt halten mussten.

Plötzlich stieß mein Onkel einen Schrei aus. Ich fürchtete, er sei mit dem Fuß eingebrochen und es bestehe die Gefahr, dass er in einem der drei Riesenlöcher verschwand, aber bei näherem Zusehen stellte sich heraus, dass ich mich geirrt hatte. Der Professor stand mit gespreizten Beinen vor einem Granitfelsen in der Mitte des Kraters, der wie der Unterbau zu einer mächtigen Statue wirkte. Er machte ein unendlich erstauntes Gesicht, aber das Staunen verschwand bald wieder und machte einer überwältigenden Freude Platz.

„Axel!“, rief er aufgeregt. „Komm her, Axel!“

Ich lief zu ihm hin. Hans und die Isländer rührten sich nicht von der Stelle.

„Sieh dir das an!“, sagte der Professor. Er zeigte auf den Granitblock, und ich las ebenso erstaunt wie er auf der Westseite des Steines in halb verwaschener, uralter Runenschrift den tausendmal verwünschten Namen.

„Arne Saknussemm!“, rief mein Onkel. „Zweifelst du immer noch? Oder bist du nun allmählich davon überzeugt, dass alles seine Richtigkeit hat?“

Ich brachte es nicht fertig, ihm zu antworten. Mit weichen Knien wankte ich zur nächsten Lavabank und ließ mich verstört darauf nieder.

Lawrence Millman

Videonacht am Polarkreis

Ankunft. Die Insel Grímsey war eine schlingernde, knorrige Scheibe Land, die mit schroffer, maskuliner Anmut einmal und dann noch einmal gefaltet worden war. Ohne Bäume, vom Wind kahl gefegt, felsgeriffelt, hügelig und mit Vögeln übersät, erinnerte es mich an Foula und an einige Inseln im Westen Irlands, die ich vor Jahren besucht hatte. Sämtliche Gebäude – das kombinierte Lädchen-Postamt, der Schul-Bücherei-Gemeindesaal, mehrere Fischverarbeitungsbetriebe und die üblichen Häuser aus Eisenbeton – kauerten entlang der Südküste wie Überlebende im Heck eines Rettungsbootes. Sie waren nicht alt, machten jedoch den Eindruck, als hätten sie ziemlich häufig Auseinandersetzungen mit schlechtem Wetter gehabt.

Aus dem Osten fegte ein Sturmwind über die Basaltwälle der Insel. Ich flüchtete in das Lädchen-Postamt, wo ich nachdenklich eine eindrucksvolle Sammlung von Videokassetten betrachtete, fast ausschließlich in Amerika hergestellte blutrünstige Ausstattungsfilme wie *Þrúmar og Eldingar* (Gruselshow), *Stórislagur* (Große Schlägerei) und *Morðhelgi* (Bluthunde), obwohl mir das merkwürdige Vorhandensein von Oliviers *Hamlet* neben *Gereyðandinn* (Der Exterminator) durchaus auffiel. Na ja, so merkwürdig auch wieder nicht. Schließlich gab es bei Hamlet den Geist und am Ende jede Menge Leichen, von dem armen Yorick ganz zu schweigen.

Sobald der Wind nachließ, ging ich wieder nach draußen, um mir einen geeigneten Lagerplatz zu suchen. Unterwegs sah ich einen kleinen Jungen, der mitten auf der Straße mit einem Spielzeugkipper spielte. *„Hvað heitir þú?"*, fragte er mich feierlich. Wie heißt du? Das ist die beliebteste Frage in diesem Land und sie reicht bis in die Zeiten der Wikinger zurück, als man noch in Erfahrung bringen musste, ob ein Fremder mit einem verwandt war und es folglich verdiente, dass man sich seiner annahm, oder ob er ein Feind war und es folglich verdiente, umgebracht zu werden. Heutzutage existiert diese Frage weiter, auch wenn die je nach Antwort unterschiedlichen Konsequenzen zum Glück aus der Mode gekommen sind.

Als ich dem Jungen meinen Namen nannte, glotzte er mich erstaunt an, als sei das – abgesehen von Willard – der erste nichtisländische Name, den er je gehört hatte.

Ich schlug mein Zelt im schützenden Schatten eines tischähnlichen Hügels unmittelbar nördlich des Leuchtturms von Ytri-Grenivík auf. Eine Stunde später machte ich mich auf den Weg, um diese abgelegene kleine Insel der wikingischen Schachspieler zu erkunden. In einem Baedeker, den ich im Buchladen in Akureyri durchgeblättert hatte, wurde Grímsey als „historisch unbedeutend" abgetan. Als ich diese Worte las, hüpfte mir das Herz. Denn im Bereich des Tourismus bedeutet „historisch bedeutsam" Ruinen oder palastartige Mauerbruchstücke, vielleicht ein asthmatisches Schloss oder eine Kathedrale, die glücklichere, gottesfürchtigere Tag gesehen hat. Ich wusste, dass es auf Grímsey die Originale – *echte* Steinhaufen – geben würde und nicht irgendwelche von Menschenhand gefertigten Imitationsversuche.

Der kleine Junge hockte noch immer mitten auf der Straße und spielte mit seinem Kipper. Seit unserem kleinen Plausch war offenbar kein einziges Fahrzeug vorbeigekommen, das ihm das Recht, hier zu spielen, streitig gemacht hätte. Tatsächlich waren mit Ausnahme dieses Spielzeuglasters die einzigen Fahrzeuge, die ich bisher auf der Insel gesehen hatte, ein paar Traktoren und ein vorsintflutlicher Lieferwagen, dessen Kotflügel das Salz in eine Filigranarbeit verwandelt hatte.

„Hvað heitir þú?“, fragte er. Wieder nannte ich ihm meinen Namen; diesmal nickte er heftig, als hätte er ihn schon die ganze Zeit über gewusst. Dann tauchte sein größerer Bruder aus dem grauen Bungalow auf, und ich schlug ihm ein Schachspiel vor, bevor der sich auch noch nach meinem Namen erkundigen konnte.

„Skák? In Akureyri lernen sie das, aber wir lernen es hier nicht in der Schule. Wir lernen hier was über Vulkane.“

„Aber ihr habt doch gar keine Vulkane auf Grímsey.“

„Jetzt nicht, aber wer weiß, vielleicht eines Tages ...“

Kaum war ich von der Straße abgebogen, hörte ich das verräterische Schreien und die an meinen Ohren vorbeizischenden Flügel, die mir verrieten, dass ich von arktischen Seeschwalben attackiert wurde. Sie verfügten über eine zügigere Angriffstaktik als die Skuas auf Foula, jene wilden, aber übergewichtigen Vögel, die eine Startbahn brauchen, um abheben zu können. Dank ihres Rumpfes, der leichter ist als Luft, können die arktischen Seeschwalben nicht nur wie ein Hubschrauber starten und auf extrem kurzen Strecken landen, sondern auch jedes Ziel mit ihren akrobatischen Schwüngen bombardieren. Sie stoßen blitzschnell herab, schlagen wütend mit den Flügeln und kreischen laut und zornig. Daher auch ihr isländischer Name, *kria*, der dieses Gekreisch nachahmt, das sie unablässig wiederholten – *Kria! Kria! Kria!* – wie eine Schallplatte, die beim hohen C hängen geblieben ist.

Diese Vögel hatten allen Grund, sich aggressiv zu verhalten; schließlich durchquerte ich ihr Nistgebiet. Aber die arktische Seeschwalbe betrachtet *alles* als ihr Nistgebiet, solange es dort ein Minimum an Vegetation gibt (bei mehr Vegetation wären ihre kurzen Beine nicht mehr einsatzfähig). Ein Fleckchen Gras im Zentrum von Reykjavík ist ihr ebenso recht wie ein Feld mit verkümmertem Heidekraut auf Grímsey. Die Seeschwalbe scheint den Vorbeigehenden dazu herauszufordern, sich ihren kleinen gesprenkelten Eiern zu nähern – Eiern, die, wie ich hinzufügen möchte, für mich die wohlschmeckendsten im gesamten Vogelreich sind –, und greift ihn dann an, als wollte sie ihre Flügel für den Marathonflug nach Süden startbereit machen. Die Hälfte der isländischen Seeschwalben überwintert vor der Südwestküste Südafrikas, die andere Hälfte in der Antarktis. Diejenigen, die in der Antarktis überwintern, legen eine weitere Strecke zurück als irgendein anderes Lebewesen während seines ganzen Lebens. Für den, den sie angreifen, ist diese Information freilich kaum ein Trost: Manchmal stoßen ihre kleinen, an der Spitze schwarzen Schnäbel so heftig zu, dass Blut fließt.

Vorbei an kleinen, mit Sackleinen abgedeckten Heuhaufen wanderte ich weiter in den zunehmend heller werdenden Nachmittag. Es war eine sonderbare Helligkeit, hart und grell, gleichzeitig aber auch irgendwie daneben, denn in diesen nördlichen Breiten hängt die Sonne so tief am Himmel, dass ihre Strahlen stets einen Hauch von Dämmerung an sich haben. Vielleicht sogar eine düstere Ahnung von Winter.

Ich wandte mich nach Norden und kam an zahllosen Gestellen mit zum Trocknen aufgehängten Fischen vorbei – kleine, im Wind schwingende Mumien. Zehn Minuten später gelangte ich auf einen tausend Meter langen Asphaltstreifen, der früher eine Kombination aus Behelfsflugplatz und Schachbrett war, vermutlich das Einzige dieser Art auf der ganzen Welt. Jeden Sommer wurden für ein paar Tage alle Flüge gestrichen, und die besten Schachspieler des Landes kamen hier zusammen, um lebensgroße Schachfiguren herumzuschieben. Diese Gepflogenheit starb zu Beginn der Siebzigerjahre aus, unmittelbar vor dem großen Match zwischen Fischer und Spasskij. Ein paar engagierte isländische Schachfans wollten unbedingt, dass das Match auf diesem Behelfsflugplatz stattfindet, da diese Umgebung der Tradition mehr entspricht als ein riesiger weißer moderner Palast in einem Vorort von Reykjavík. Das mag schon sein, aber ich frage mich, wie Bobby Fischer reagiert hätte, wenn er bei seinen Zügen von ganzen Bataillonen arktischer Seeschwalben im Tiefflug angegriffen worden wäre.

Am Ende der Startbahn entdeckte ich ein Hinweisschild, dessen Pfeile in Richtung verschiedener Städte zeigten – London: 1972 km; Paris: 2335 km; Rom: 3436 km; New York: 4448 km; Sydney: 16 137 km. Das Schild besagte außerdem, dass ich mich genau auf dem Nördlichen Polarkreis befand. Direkt im Norden – jenseits der Grönlandsee, der Lenarinne und des Nansenrückens – lag das Packeis des Nordpols, erheblich näher als irgendeine der zuvor genannten Städte.

Auf der anderen Seite des Rollfelds überquerte ich grasbewachsene Buckel, die durch ständiges Frieren und Auftauen die Form eines Kamelhöckerteppichs angenommen hatten. Da das auf die Dauer etwas langweilig wurde, schlug ich mich bald quer über die Bodenschwelle des Skollalag in den östlichen Teil der Insel. Dutzende glotzäugiger Schafe flüchteten, sobald ich mich näherte. Ihre äußere raue Wollschicht sah nach Dachschindeln aus und war bei Weitem das dickste an Wolle, was ich je gesehen hatte; ein Nordpolreisender, der sich in einen dieser Schafspelze hüllte, würde sicher nicht sonderlich frieren.

Wenig später folgte ich den Klippen, die mit weißem Vogelmistgesprengsel wie mit Perlen übersät waren. Ich gelangte an eine große runde, abschüssige Einbuchtung, an deren Klippenrand ein Mann balancierte. Im ersten Augenblick dachte ich, dass er gleich springen würde (wegen eines Schnitzers beim Schachspiel?), doch als ich näher kam, erkannte ich, dass er eine lange Stange hielt, an deren Ende eine Schüssel befestigt war. Diese Stange ließ er an der Felswand hinabgleiten und holte sie dann, angefüllt mit Vogeleiern, wieder herauf. Die meisten dieser Eier legte er in einen

Korb; ein paar allerdings aß er auf der Stelle, wobei er den Kopf in den Nacken warf, als würde er einen kräftigen Schluck Tequila hinuntergießen. Es dauerte nicht lange, da entdeckte er mich. Als ich neben ihn trat, brach er ein Ei auf und bot es mir an *(„Gerið svo vel!“)*, wie mir jemand anderes vielleicht einen Drink spendiert hätte. „Ich bin Sozialist“, erklärte er und fügte dann hinzu: *„Skál!“*

Ich starrte auf das Ei. Es enthielt die rudimentären Teile einer winzigen Dreizehenmöwe, zwei große Augen, schmächtige Krallen und Blutgefäße, die aus einer rötlichen Flüssigkeit hervortraten. Dann starrte ich den Mann an, und er erklärte mir, dass die Eier mit kleinen Vögeln drin die allerbesten seien. Also sagte ich auch „Skál!“, warf den Kopf in den Nacken und kippte mir den Inhalt des Eis in den Mund.

„Schmeckt gut?“ Der Mann lächelte.

„Prima, aber auf die Krallen könnte ich verzichten.“

Auf echt isländische Manier begann Sveinbjörn (so hieß der Mann) von sich zu erzählen, das heißt, er erläuterte mir seinen ganzen Stammbaum. Die Familie seiner Großmutter stammte aus Snæfellsnes, einem Ort direkt unterhalb des Gletschers, in den Jules Verne seine Forscher auf dem Weg zum Mittelpunkt der Erde geschickt hat. Väterlicherseits war er ein Cousin ersten Grades von Einar Benediktsson, jenem Dichter, der einem amerikanischen Geschäftsmann die Aurora borealis zu verkaufen versuchte. Sveinbjörns Vater war Fischer und seine Mutter eine bekannte Wunderheilerin. Wusste ich übrigens, dass man mit einem in kräftigem Wein aufgelösten menschlichen Gehirn Epilepsie heilen konnte? Nein, sagte ich, das wusste ich nicht.

Dann erzählte mir Sveinbjörn, dass er seit dem Vertrag von Keflavík im Jahr 1946 ein Mitglied der Sósíalistaflokkur sei. Ich wusste, dass er die Geschichte mit dem Vertrag erwähnte, um mir einen Gefallen zu tun. Denn Sozialisten im ohnehin sozialistischen Island kennen nur ein einziges, stets gleichbleibendes Thema: den

NATO-Stützpunkt. Ich machte mich auf das Unvermeidliche gefasst.

„Es ist unumgänglich, dass sämtliche Amerikaner das Land verlassen“, sagte Sveinbjörn, während er seine Stange hinabließ und abermals zwei Eier heraufholte. „Damit meine ich natürlich nicht dich …“

„Das weiß ich.“

„Wir brauchen keine fünftausend jungen amerikanischen Soldaten, die uns gegen den russischen Bären verteidigen. Wie würden euch denn fünf Millionen Isländer in Washington gefallen?“

„Eigentlich könnte das recht lustig werden …“

„Já, já, aber deine Landsleute sind für uns überhaupt nicht lustig. Wenn wir einen Atomkrieg haben, dann wird dieses kleine Land als erstes bombardiert werden, nur weil hier amerikanisches Militär stationiert ist.“

„Dann glaubst du also, dass es einen Atomkrieg gibt?“

„Natürlich. Das wird schon in dem alten isländischen Lied ‚Der Seherin Gesicht‘ aus der Edda prophezeit. Der Gott Surtur setzt Himmel und Erde in Brand, und alle werden vom Feuer verschlungen:

‚Die Sonne verlischt, das Land sinkt ins Meer;
vom Himmel stürzen die heitern Stern.
Lohe umtost den Lebensnährer;
hoh Hitze steigt himmelan.‘“

Sobald die Welt ihr unabwendbares Ende genommen hatte, bot mir Sveinbjörn ein zweites Dreizehenmöwenei an. Ich schüttelte den Kopf und erklärte ihm, ich müsse eine Diät halten, bei der es ausdrücklich verboten sei, mehr als ein rohes Vogelei pro Tag zu essen.

Daraufhin meinte er: „Ich teile meine Eier mit dir, ich teile mein Zuhause mit dir, aber es gibt eine Sache, die werde ich nicht mit dir teilen, und das ist mein eigenes kleines Land …“

Diese handfeste nationale Einstellung war mir schon viele Male begegnet. Island kommt einem wie eine Festung vor und scheint infolgedessen bei seiner Bevölkerung, die mit der Armbrust im Anschlag an den Zinnen steht, einen heftigen Beschützerinstinkt zu wecken. Aber das winzige Grímsey? Auf dieser Insel gibt es so wenig, was jene Art von Leidenschaft entfachen könnte, mit der einst die Bastille gestürmt oder der Tee in den Hafen von Boston gekippt wurde. Nichts als mit Vogelmist übersäte Klippen, langweilige Hügel, Mulden und haufenweise säulenförmiger Basalt. Doch die Liebe geht rätselhafte Wege. Ein öder Ort wird nie einfach grünen und sein Gesicht verändern, nur um den gierigen Fingern irgendeines Planers einen Gefallen zu tun. Je unfruchtbarer der Ort, umso treuer sein Herz. In einigen der traurigsten Lieder, die ich kenne, wird einem treuen Steinhaufen Lebewohl gesagt; ich bezweifle, dass man in einem Lied, in dem jemand London gegen New York eintauscht oder umgekehrt, viel Traurigkeit verspürt – Bedauern vielleicht, aber keine Trauer. Dort, wo es von Menschenmassen wimmelt, spielt man Gefühle eher herunter als auf nahezu menschenleeren Inseln.

Jetzt erneuerte Sveinbjörn das Angebot, sein Zuhause mit mir zu teilen und auch eine speziell für Gäste gedachte Flasche *brennevín*. Außerdem würde ich dann auch seine Tochter Ingibjörg und seinen kleinen Enkel Willard kennenlernen. Schon wieder ein Willard! Sobald dieser Name fiel, fragte ich Sveinbjörn, ob er Schach spiele.

„*Nei*. Ich spiele nur Poker."

4. Juli. Eine pechschwarze Gewitterwolke. Eine Regenwand. Graupel. Hagel. Ein Schauer aus Eiskörnern. Das alles zusammen peitscht der Nordwestwind mit heftigem Getrommel an mein zitterndes Zelt. Ich stolperte an diesem Morgen ins Freie, um Brennstoff für meinen Kocher zu kaufen, und als ich eine Dreiviertelstunde später zurückgestolpert kam, war mein angeblich wasserdichter Polyäthylen-Anorak ein vollgesogenes Bündel, und die Haut darunter sah aus wie gelierter Eiter. Der Boden hat sich in eine Art unnatürlichen Morast mit windgeriffelten Schlammpfützen verwandelt. Ich sehe zu, wie dieser Wind ein hingepisstes Rinnsal mit den Elementen vermischt, bis meine Flüssigkeit und die Polarflüssigkeiten unzertrennliche Gefährten geworden sind. Ich sitze im Zelt fest.

So ein Zelt ist eine wunderbare Erfindung, bei der man die vier Wände seines Unterschlupfs mit dem eigenen, wenig kostenaufwendigen Körper heizen kann. Seit zwei Stunden sitze ich nun hier und kritzle flüchtige Gedankenfetzen in mein Notizbuch; Temperatur und Feuchtigkeit sind wie auf Barbados. Versuchen Sie mal, Ihren Unterschlupf – sei es eine Hütte aus Teerpappe, eine Eigentumswohnung oder ein Schloss an der Loire – nur mit Ihrer eigenen Körperfülle zu heizen. Und dann versuchen Sie, diese Hütte aus Teerpappe, Eigentumswohnung oder dieses Schlösschen zusammenzufalten und es sich auf den Rücken zu schnallen. Das übliche Baumaterial eignet sich einfach nicht dafür. (Überhaupt, was ist schon ein Haus? Doch nur ein Ort, an dem man seine Mahlzeit nicht von einem Stöckchen essen muss …)

Trotz des Wetters bin ich für die einheimischen Kinder eine ausgesprochene Kuriosität. Sie quatschen durch den Matsch, um mein Zelt zu besichtigen und mich mit den üblichen Fragen zu traktieren: „Wie heißt du?“ – „Woher kommst du?“ – „Ist Amerika jetzt im Krieg?“ – „Hast du eine Frau?“ – „Warum arbeitest du nicht?“ – „Gehst du fischen?“ – „Fängst du viele Fische?“ – „Wie heißt du gleich wieder?“ Ein schlaksiger, sommersprossiger Junge, etwa zehn oder elf Jahre alt, hockt sich feierlich neben mich und zieht aus seiner Jacke eine Flasche – Lebertran! Er trinkt ein paar hastige Schlückchen, steckt sie wieder zurück und erklärt mir dann, dass er es gar nicht erwarten kann, bis er groß ist, damit er endlich ein Schleppnetzfischer werden kann wie sein Vater. Die in Norwegen gebauten Hecktrawler sind die besten, meint er; spanische Trawler hingegen seien recht anfällig für Maschinenschäden, und polnische B-425er seien einfach hoffnungslos.

In einem alten Buch mit Sagen und Gebräuchen von Grímsey habe ich folgenden guten Ratschlag ausgegraben: Wenn du fliegen möchtest, musst du dir ein Zaumzeug beschaffen, das aus dem Rücken eines frisch bestatteten Leichnams stammt; aus der Kopfhaut des Leichnams musst du dir das Kopfgestell zurechtschneiden, aus zwei Knochenstücken vom Kopf die Kandare und aus den Hüftknochen das Backenstück. Dann musst du den siebten Sohn eines siebten Sohnes ausfindig machen und ihm dieses improvisierte Zaumzeug anlegen. Jetzt bist du zum Fliegen gerüstet. Außer natürlich, du hast es versäumt, dem siebten Sohn eine Reihe magischer Beschwörungsformeln ins Ohr zu flüstern, denn dann sind alle deine Bemühungen umsonst gewesen, und du wirst es nicht schaffen, vom Boden abzuheben.

Kein Wunder, dass diese Twin Otters auf der Insel so beliebt sind …

Bis zum nächsten Morgen war aus dem Regen ein sanftes Nieseln geworden, und so ging ich hinunter zum Pier, wo ich Sveinbjörn und einen anderen Mann mit einem mehr als drei Meter langen Grönlandhai antraf. Sie hatten ihn gerade ausgenommen und seine Innereien ins Meer geworfen, als der Hai einen gewaltigen Satz machte und vom Pier herunter ins Wasser glitt. Einen Augenblick lang trieb er ganz freundlich dahin. Doch dann begannen seine Kiefer zu schnappen und die eigenen Eingeweide aufzufressen, eine doch recht erstaunliche Leistung für ein Lebewesen, das von Rechts wegen hätte tot sein müssen. Sveinbjörn musste den Hai mit dem Bootshaken heranziehen und ihn zum zweiten Mal mit dem Flaschenzug hochhieven.

Während er ihm einen Schlag auf den Kopf versetzte, sagte er zu mir: „Wie wär's, wenn du uns heute Abend besuchen kommst? Ich werde mein Haus mit dir teilen, ich werde Essen und Trinken mit dir teilen, aber eine Sache gibt es, die werde ich nicht mit dir teilen, und das ist …"

„… dein eigenes kleines Land.“

Er nickte. Jetzt schnitten die beiden Männer große blassrote Fleischstücke aus der Flanke des Hais. Später würden sie dieses Fleisch, *hákarl* genannt, dann für mehrere Monate in der Erde vergraben, damit es wenigstens einen Teil seines Ammoniakgestanks verlor (Grönlandhaie urinieren durch die Hautporen), und anschließend in einem luftigen Schuppen zum Trocknen aufhängen. Je länger es abhängt, desto würziger wird es im Geschmack. Ich kenne einen alten Bauern mit Namen Eliás, der steif und fest behauptet, dass hákarl mindestens zehn Jahre hängen muss, bevor es überhaupt etwas taugt. Doch das Fleisch kann noch so abgehangen sein, wenn es auf den Tisch kommt, riecht es immer noch ungewöhnlich herb und kräftig. Als ich einmal mit einem großen Stück hákarl im Rucksack per Anhalter von Reykjavík losfuhr, warf der Engländer, der mich mitgenommen hatte, immer wieder skeptische Blicke in meine Richtung. Schließlich fragte er mich, ob ich gerade ein Grab geplündert hätte.

Sveinbjörn sagte, er würde nachkommen, sobald er mit dem Hai fertig sei, also ging ich schon einmal hinauf zu seinem Haus, wo mich an der Tür seine Tochter Ingibjörg begrüßte, eine hübsche, honigwangige, flachshaarige junge Frau, die ich am liebsten auf der Stelle für meine eigenen schändlichen Zwecke entführt hätte. *Já, já,* sagte sie, du bist der Amerikaner, der keine kleinen Vögel mag. Dann stellte sie mich Willard, ihrem dreijährigen Sohn, und einer Freundin aus Akureyri mit Namen Heidbjört (heller sonniger Tag) vor, die zwei kleine Töchter im Schlepptau hatte. Heidbjört sagte, sie sei einmal in Amerika gewesen, aber die Luft dort hätte so schlecht gerochen, dass sie wieder nach Hause fahren musste.

Das hier war etwas Alltägliches für Island: unverheiratete Mütter mit Kindern, die ihre Väter offenbar nie zu Gesicht bekommen hatten. Anderswo könnte das als Indiz für den Zusammenbruch einer kulturellen Ordnung betrachtet werden, doch hierzulande zeigt es lediglich ein gesundes Interesse am Sex. Und würde man einen Isländer als Bastard bezeichnen, wäre das, da drei Viertel aller erstgeborenen Kinder unehelich zur Welt kommen, fast schon dasselbe, als würde man ihn als einen Fischfresser bezeichnen. Eine Selbstverständlichkeit. Man erzählte mir einmal von einem Mädchen aus Húsavík, die mit dem Kinderkriegen wartete, bis sie verheiratet war, und deshalb von ihren Eltern verstoßen wurde.

Jetzt brachte Ingibjörg eine silberne Platte mit hoch aufgetürmtem, getrocknetem *steinbítur* (Steinbeißer oder Seewolf) herein, einem Fisch, der für meine Begriffe besser schmeckt als Kabeljau oder Schellfisch und in früheren Zeiten auch nützlicher war. Entfernungen pflegte man anhand der Anzahl von Schuhen aus *steinbítur*-Haut zu berechnen, die einer bei seinem Marsch durch die isländische Wüstenei durchlief. Alle langten beim Essen kräftig zu, die Kinder eingeschlossen. Besonders beeindruckt war ich davon, wie die beiden jungen Frauen ihren getrockneten Fisch aßen: Sie schoben ein Stück Fisch in den Mund, bissen und rissen, zogen und zerrten und fetzten schließlich einen Streifen davon ab, den sie dann mit ihren herrlichen Zähnen knirschend und malmend zerkauten.

„Möchtet du gern einen Film sehen?“, fragte mich Ingibjörg. Bevor ich antworten konnte, begann sie in ihren Kassetten herumzuwühlen. Schließlich zog sie eine unsynchronisierte Fassung von *Wer Gewalt sät* heraus, zeigte sie mir („Ein recht guter Film“, murmelte ich) und schob sie in ihren Videorekorder. Es gab eine Zeit, da gefiel mir *Wer Gewalt sät* wirklich, aber die Ereignisse der nächsten paar Stunden ließen mich wünschen, die Produzenten hätten das ganze verdammte Projekt im Keim erstickt.

Keiner der isländischen Zuschauer sprach ein Wort Englisch, aber alle glotzten auf die Mattscheibe wie Mönche auf ein Palimpsest. Ich half ihnen etwas mit der

Geschichte nach und gab ein paar Erläuterungen: „Das ist eine Bärenfalle" – „Sie bekommt nicht genug Sex" – „Das sind gemeine Rohlinge" – „Von denen kriegt sie Sex" – „Er glaubt, sein Heim ist seine Burg" – „Dieser Mann ist der Dorftrottel", und so weiter. Jedes Mal, wenn man die Bärenfalle sah, übte Willard ausgelassen seine zwei ersten englischen Wörter: *„Bear trap!"* Und jedes Mal, wenn der von Dustin Hoffman gespielte Kerl auftauchte, kreischten Heidbjörts kleine Töchter unisono: *„Kani!"* (Ein Schimpfwort für einen Amerikaner).

Es war nicht das erste Mal, dass ich zwischen einem amerikanischen Film und nordischen Betrachtern vermittelte. In Angmagssalik in Grönland geriet ich einmal in die Situation, einem aus traditionellen Inuit-Jägern bestehenden Publikum Woody Allens futuristischen Film *Der Schläfer* erläutern zu müssen. Der Film wurde etwa alle fünfzehn Minuten angehalten, und dann stand ich auf, fasste das bisherige Geschehen zusammen und erzählte die Witze, so gut es ging, auf Grönländisch. Die Zuhörer waren still, ja sogar ernst, während sie den Film ansahen; sie blieben still und sogar ernst, als ich die Witze erzählte, so als hätte ich über Treblinka oder Babi Yar geredet und nicht über einen angeblich komischen Film.

Mit *Wer Gewalt sät* hatte ich auf Grímsey keine derartigen Schwierigkeiten. Alle fanden den Film toll. Sie fanden die Gewalt toll, fanden die vielen Toten toll und fanden vor allem die Bärenfalle toll. Nachdem die letzten gemeinen Rohlinge von der Frau des *kani*, einer Revolverlady, erledigt worden waren, meinte Ingibjörg, diese letzte Szene erinnere sie an die Szene aus *Njáls saga*, in der Njál seine Heimstatt gegen Flosi und seine räuberische Horde verteidigt. Heidbjört meinte, diese blutige, übertriebene Rache würde auch sie an die Sage erinnern. Die Kinder sagten mir nichts von den Sagas, aber der kleine Willard gestand, dass er nichts dagegen hätte, den Film noch einmal zu sehen, da er beim ersten Mal ein paar Einzelheiten nicht mitbekommen habe.

So kam es, dass wir *Wer Gewalt sät* noch einmal von vorne anschauten. *„Bear trap!“*, rief Willard. *„Kani!“*, plärrten die kleinen Mädchen. *„Hamra skal járn meðan heit er!“*, schrie Heidbjört. (Bring den Scheißkerl um!) Was mich betraf, so war das Einzige, was mich über die zweite Runde so unmittelbar im Anschluss an die erste rettete, die Flasche Schnaps, die mir Ingibjörg aufmerksamerweise hingestellt hatte.

Um drei Uhr morgens befanden wir uns mitten in der dritten Vorführung des Films. Ich war müde und langweilte mich, hatte den Schnaps ausgetrunken und war etwas angesäuert, dass Sveinbjörn nicht aufgetaucht war. Gerade als ich mich zum Gehen anschickte, kam er mit einem entschuldigenden Grinsen zur Tür herein; an seiner Hose hingen Haireste. Er sagte, es täte ihm leid, dass er ein so miserabler Gastgeber sei, doch nachdem sie den Hai zerteilt hatten, sei ein Heringskutter hereingekommen, und man habe ihn gebeten, beim Ausladen zu helfen. Auch jetzt käme er nur auf eine kurze Tasse Kaffee nach Hause und müsse dann gleich wieder zurück, um beim Ausladen der Kisten aus einem zweiten Boot zu helfen, das vor ein paar Minuten hereingekommen sei. Ob ich in, sagen wir, zwei Stunden wohl noch da wäre? In zwei Stunden, erklärte ich ihm, würde ich mich in meinem tiefsten Tiefschlaf befinden.

Sobald ich ins Freie trat, wurde ich wieder im Tiefflug von arktischen Seeschwalben angegriffen, die diesmal nicht *Kria! Kria! Kria!* zu kreischen schienen, sondern *Kani! Kani! Kani!* Dennoch behauptete ich meine Position und schaute zu, wie die Sonne unter- und gleichzeitig aufging, eine unmittelbar am Rand des Horizontes schwebende, leuchtend orangefarbene Frucht. […]

Bevor ich die Insel verließ, besuchte ich Sveinbjörns achtzigjährigen Vater Magnús. Er betrachtete mich eingehend, und nachdem er offenbar zu dem Schluss kam, dass mich das Umherreisen ziemlich mitgenommen hatte, bereitete er mir ein Stück Seehundfleisch zu – mit der Begründung, eine Unze Seehundfleisch enthalte zehnmal mehr Eisen als Ochsenfleisch. Sodann erzählte er mir eine Geschichte, derzufolge die Seehunde von den Soldaten des Pharaos abstammten, die im Roten Meer ertrunken waren, als sie die Israeliten verfolgten, und behauptete, es gebe Leute, die sich weigerten, Seehundfleisch zu essen, weil sie befürchteten, womöglich einen gekochten Ägypter zu verspeisen. Was aus dem Schachspiel geworden war, das Willard Fiske vor hundert Jahren quer über das kalte Nordmeer an seinen Vater geschickt hatte, konnte er mir allerdings nicht sagen.

Da es mir nicht gelungen war, auf Grímsey auch nur einen einzigen Schachspieler ausfindig zu machen, nahm ich an, dass dieses Erbe der Wikinger, die die Insel ursprünglich besiedelt hatten, ausgestorben war. Erst bei meiner Rückkehr nach Akureyri gelang es mir, einen Schachspieler aufzutreiben, aber der war Neuseeländer, der hier Urlaub machte, und er schlug mich bei drei Spielen hintereinander mit Leichtigkeit.

Charles Fergus

Die Pforten der Hölle

Möglicherweise kam im sechsten Jahrhundert der irische Mönch Brendan der Seefahrer nach Island. Diese Vermutung wird durch das Epos *Navigatio Sancti Brendani*, *Sankt Brendans wundersame Seefahrt*, aus dem neunten Jahrhundert unterstützt. Der Heilige stach mit einer Besatzung von 17 anderen Mönchen mit einem sogenannten *curragh* in See, einem offenen Boot, dessen Rumpf mit Kuhhäuten bespannt war. Brendan war auf der Suche nach dem „gelobten Land" (und gelangte schließlich nach Nordamerika, wie manche Gelehrte annehmen). Er schlug einen nördlichen Kurs ein und segelte von Insel zu Insel. Im Epos heißt es, dass Brendan auf eine Insel stieß, die „äußerst zerklüftet, felsig und voller Schlacke war, ohne Bäume oder Gras, und voller Schmieden. Der ehrwürdige Abt sagte zu seinen Brüdern: ‚Diese Insel ängstigt mich. Ich möchte mich ihr nicht nähern, geschweige denn einen Fuß auf sie setzen, doch der Wind treibt uns geradewegs auf sie zu.'" Brendan bekreuzigte sich in alle vier Himmelsrichtungen und betete: „Herr Jesus Christus, führe uns fort von dieser Insel."

Ein Inselbewohner, „verlottert und voller Feuer und Dunkelheit", kam mit einer Zange zum Strand, in der er einen großen Brocken glühender Schlacke hielt. Der verwahrloste Mann schleuderte die Schlacke auf die Diener Gottes, „aber sie fügte ihnen keinen Schaden zu. Sie flog mehr als 200 Meter über sie hinweg. Wo sie auftraf, begann die See zu kochen … und Rauch stieg vom Wasser auf wie von einem brennenden Schmelzofen.“ Dann erschienen weitere Isländer und warfen mit flammenden Geschossen auf die Mönche, die in Todesangst davonruderten.

„Es schien, als stünde die ganze Insel in Flammen wie ein riesiger Schmelzofen, und die See kochte wie ein Kessel mit Fleisch, der gründlich erhitzt wurde. Den ganzen Tag lang vernahmen sie großes Getöse von der Insel. Und als sie außer Sichtweite waren, drang das Geheul der Bewohner noch immer an ihr Ohr und der Gestank in ihre Nasen. Dann beschwichtigte der heilige Abt seine Mönche, indem er sagte: ‚O Soldaten Christi, vertraut in euren unerschütterlichen Glauben und in die göttlichen Waffen, denn wir stehen vor den Pforten der Hölle.‘“

Offensichtlich beschreibt diese Passage die Entstehung einer vulkanischen Insel. Nach Brendan haben auch andere Seefahrer von Feuern berichtet, die sich aus dem Meer um Island erhoben. Im November 1963 glaubten die Besatzungsmitglieder eines Fischerbootes, 20 Seemeilen vor der Südküste Islands ein Schiff zu sehen, das in Flammen stand. Als sie näher kamen, bemerkten sie, dass sie Zeuge einer Eruption wurden. Während der nächsten Tage strömte glühend rote Basaltlava aus einer Spalte am Meeresgrund. Die Lava brachte das Meer zum Kochen, und der entstehende Vulkan stieß Asche aus, die sich mit den Dampfwolken vermischte. Die Eruption dauerte dreieinhalb Jahre an. Der Vulkan erhob sich 172 Meter über den Meeresspiegel und die etwa zweieinhalb Quadratkilometer große Insel, die entstand, ist heute der südlichste Teil Islands. Der bewegungslose Haufen erstarrter Lava erhielt den Namen Surtsey, nach dem Feuergott Surtur aus der altnordischen Mythologie, und wurde nach und nach von Pflanzen, Insekten und Vögeln bevölkert. Die stets pragmatischen Isländer nahmen die Entstehung von Surtsey zum Anlass, ihre internationale Fischereigrenze einige Seemeilen nach Süden zu verschieben.

Islands bedeutendster Vulkan ist die Hekla, die „Bedeckte“. Dieser Vulkan stellt eine Übergangsform zwischen Spalten- und Stratovulkan dar und sieht aus, als würde er eine Haube oder Kapuze tragen; aus der Luft erinnert er angeblich an ein umgekipptes Kanu. Die Hekla erhebt sich am nordöstlichen Rand des südlichen Tieflands, Islands ertragsreichstem Landwirtschaftsgebiet. Ihre Hauptspalte Heklugjá ist fast fünf Kilometer lang. Der Berg, den dieser infernalische Schlund hervorgebracht hat, ist 1491 Meter hoch und kann mit jeder Eruption noch weiter wachsen.

Vor vielen Jahrhunderten soll ein isländischer Priester zu den Angelsachsen gereist sein, wo er einer Hexe den Hof machte und ihr versprach, sie zu heiraten. (Mir ist aufgefallen, dass sich die Isländer in solchen Geschichten immer wieder als die Verführer darstellen.) Als der Priester wieder nach Island zurückkehrte, wurde der Hexe bewusst, dass sie getäuscht worden war. Sie schickte ihm eine goldene Schatulle mit der Anordnung, dass niemand außer ihm sie öffnen dürfe. Doch der Priester ließ sich nicht zum Narren halten; er ritt mit der Schatulle zum Gipfel der Hekla und warf sie in eine Felsspalte. Der Überlieferung zufolge brennt seitdem im Innern des Bergs ein Feuer.

Allerdings war die Hekla bereits aktiv, bevor der Priester oder irgendjemand anders in Island lebte. Wie dem Buch *Hekla* des Vulkanologen Sigurður Thorarinsson zu entnehmen ist, brach der Vulkan nach dem Schmelzen der Gletscher und vor der Ankunft der Siedler mit solcher Heftigkeit aus, dass Island zu 80 Prozent von Asche bedeckt war. Diese Asche ist noch heute als markanter Streifen im Bodenprofil des Landes zu erkennen.

Schriftliche Aufzeichnungen belegen, dass die Hekla 1104, 1158 und 1206 ausbrach. Eine Eruption, die im Juli 1300 begann, dauerte ein Jahr an und bedeckte ein Drittel des Landes mit Tephra. Mit dem Begriff Tephra werden sämtliche Stoffe mit Ausnahme von

Gasen und fließender Lava bezeichnet, die bei einer Eruption ausgestoßen werden: Staub, Asche, Fladen (in der Luft erstarrte, flüssige Lava), Blöcke und sogenannte Bomben.

Eine Eruption der Hekla im Jahr 1693 dauerte sieben Monate an und war einer der folgenschwersten Vulkanausbrüche in der Geschichte Islands. Geologen schätzen, dass während der ersten Stunde des Ausbruchs pro Sekunde mehr als 45 000 Kubikmeter vulkanisches Lockermaterial ausgeworfen wurden. Aus dem Krater entwichen Fluorwolken. An jenem Tag wehte der Wind aus Süden. Im Norden Islands verfärbten sich die Blätter an den Bäumen schwarz, die Fische schwammen mit dem Bauch nach oben in den Flüssen, Schneehühner fielen tot um und Nutztiere verendeten, nachdem sie fluorverseuchtes Gras gefressen hatten.

1540 hatte der isländische Geistliche Gizur Einarsson eine Audienz bei König Christian III. von Dänemark. Einer zeitgenössischen Quelle zufolge „schien es Gizur, als stelle ihm der König viele unnötige Fragen, insbesondere im Zusammenhang mit dem Berg Hekla". Geschichten über die Hekla hatten in der gesamten christlichen Welt Verbreitung gefunden. Der Vulkan wurde für den Eingang zur Hölle oder für die Hölle selbst gehalten. Religiöse Theoretiker stellten sogar die Vermutung auf, Judas Ischariot sei in der Hekla eingesperrt. 1675 schrieb ein Franzose, der Island bereist hatte, dass der Teufel die Seelen der Verdammten aus den Feuern der Hekla zerrte und sie in Vorbereitung auf künftige Foltern auf dem Packeis vor der Küste abkühlte.

In Island gibt es eine große Zahl bemerkenswerter Vulkane. Eldgjá, die „Feuerschlucht", bedeckte im Jahr 930 mehrere hundert Quadratkilometer mit Lava. Bei einer Dampferuption des Kraters Víti, „Hölle", regneten 1734 Schlamm und Bimsstein über einen großen Teil von Islands Norden herab. Der Krater Askja, heute eine riesige Caldera in den Tiefen von Víti, brach

1875 aus; das vulkanische Lockermaterial, das dabei ausgeworfen wurde, zerstörte so viele Höfe im Osten Islands, dass die Menschen in Scharen nach Nordamerika auswanderten.

Der weltweit größte Lavastrom, der seit Beginn der Geschichtsschreibung aufgezeichnet wurde, trat aus Lakagígar aus, einer gut 30 Kilometer langen, südlich der Mitte Islands gelegenen Vulkanspalte. Zwischen Juni 1783 und Februar 1784 spien etwa 135 Krater insgesamt 15 Milliarden Kubikmeter Lava aus, die eine Fläche von 450 Quadratkilometern unter sich begruben. Die Lavamassen füllten bis zu 180 Meter tiefe Täler auf und erreichten in der Ebene eine Dicke von sechs bis dreißig Metern. Nach Schätzung eines Geologen hätte die Lava ausgereicht, um ganz England mit einem zehn Zentimeter dicken Lavateppich zu bedecken. Aufgrund seiner Dicke speicherte der Lavastrom die Hitze. Das aus seinen Flussbetten gedrängte Schmelzwasser der Gletscher tanzte so lange auf der Lava, bis es verdampft war oder sich neue Flussläufe gegraben hatte.

Aus der Lakagígar-Spalte stieg eine Fluorgaswolke auf und setzte sich über Island fest. Die Sonne schien wie ein karmesinroter Feuerball durch den dichten Dunstschleier. Menschen erstickten an dem Gas. Tiere, die kontaminiertes Gras gefressen hatten, bekamen seltsame Wucherungen an Zähnen und Knochen, die sie am Fressen und am Gehen hinderten. Das Gras hörte auf zu wachsen. Die Heuernte war erbärmlich, und die Futtervorräte gingen zur Neige. Sogar die Fische blieben von der Küste fern.

In den folgenden sechs Jahren fielen ein Viertel der isländischen Bevölkerung und drei Viertel ihres Viehbestands Hungersnöten und Krankheiten zum Opfer. Island war zu dieser Zeit eine Kronkolonie Dänemarks. Heute erzählt man in Island gern, nach den Schicksalsschlägen des 18. Jahrhunderts habe die dänische Regierung ihre isländischen Untertanen retten und sie alle nach Jütland im Norden Dänemarks umsiedeln wollen.

Die Isländer, die überlebt hatten, so heißt es weiter, weigerten sich aber, ihre Heimat zu verlassen.

Ein anderer berühmter Vulkan ist die Katla, der „Kessel“, die sich unter dem Mýrdalsjökull verbirgt, dem viertgrößten Gletscher des Landes im Hochland hinter der Südküste. Der Mýrdalsjökull ist ein Doppelhöcker aus Eis, das zwischen 180 und 360 Meter dick ist. Seit der Zeit der Besiedlung ist die Katla mindestens 16-mal ausgebrochen, das letzte Mal im Jahr 1918. Vom Mýrdalsjökull fließt ein Fluss herab, der Jökulsá oder „Gletscherfluss“. Wenn die Katla ausbricht, nimmt der Jökulsá die Schmelzwassermassen des Gletschers auf. Die Isländer haben ein Wort für dieses Phänomen geprägt: *jökulhlaup*, „Gletscherlauf“.

Zum Jökulhlaup kommt es, wenn das Magma unter einem Gletscher so viel Eis schmilzt, dass der entstehende Druck den Gletscher anhebt und das Wasser unter ihm herausströmen kann, oder wenn ein subglazialer Vulkan ausbricht, riesige Mengen Eis auftaut und eine plötzliche, mit Steinen, Schlamm, Asche und Eisplatten vermischte Wasserflut auslöst.

Auch im *Landnámabók*, dem „Buch der Besiedelung“, wird offenbar von einem Jökulhlaup berichtet: Loðmundur und Thrasi, zwei alte Hexenmeister, lagen in Fehde miteinander. Eines Morgens wurde Thrasi einer gewaltigen Wasserflut gewahr und lenkte sie mittels seiner Zauberkraft auf Loðmundurs Land. Loðmundurs Knecht teilte seinem Herrn mit, dass die See das Land überschwemmt habe, worauf Loðmundur, der blind war, verlangte, dass ihm eine mit diesem Wasser gefüllte Schale gebracht werde. Als er daran nippte und feststellte, dass das Wasser nicht salzig schmeckte, ließ er sich von seinem Knecht zu dem Strom führen. Dort hielt er die Spitze seines Stocks ins Wasser und biss auf einen eisernen Ring an dessen Ende, worauf der Strom nach Westen auf Thrasis Land floss. Die beiden Hexenmeister schickten das Wasser zwischen ihren Ländereien hin und her, bis sie sich schließlich darauf einigten, dass der Fluss auf kürzestem Weg zum Meer fließen solle.

Die Abflussmenge des Jökulsá während eines durchschnittlichen Jökulhlaup beträgt 50 000 Kubikmeter pro Sekunde. Eine Badewanne fasst etwa einen Kubikmeter Wasser. Aus dem Mississippi fließen unter normalen Bedingungen knapp 14 000 Kubikmeter Wasser in der Sekunde. Während eines Jökulhlaup rauscht der Gegenwert von dreieinhalb Mississippis durch ein schmales Tal südlich des Mýrdalsjökull.

Im 18. Jahrhundert hielt der Priester Jón Thorlákson eine Eruption unter dem Öræfajökull, dem „Wüstengletscher", im Südosten Islands schriftlich fest. Die folgende Passage aus seinen Aufzeichnungen wird in George S. Mackenzies *Reisen durch die Insel Island* im Sommer 1810 wiedergegeben:

„Der Jökull explodierte, und Massen Eis stürzten herab, von denen ein großer Teil ins Meer geschleudert wurde; doch das dickste Eis blieb auf der Ebene liegen, in kurzer Entfernung vom Fuß des Bergs. Der Lärm und das Knallen dauerten an und die Luft war so voller Feuer und Rauch, dass der Tag in der Dunkelheit, die folgte, kaum von der Nacht zu unterscheiden war und nicht einmal vom Licht des Feuers, das durch fünf oder sechs Spalten im Berg gedrungen war, erhellt wurde. In dieser Weise wurde der Pfarrbezirk von Öræfi drei Tage lang heimgesucht …

Der Erdboden war vollständig von Bimssteinsand bedeckt, und angesichts der rot glühenden Steine, die vom Himmel fielen, war es nicht angeraten, ins Freie zu gehen. Wer sich dennoch nach draußen wagte, tat gut daran, den Kopf mit einem Eimer zu bedecken."

Während des Ausbruchs ritt der Priester los, um nach seiner Pfarrei zu sehen. Er und seine Begleiter brachten ihre Pferde nur mit Mühe dazu, den erhitzten Fluss zu durchschwimmen. Der Priester musste feststellen, dass sein Anwesen und die Unterkünfte seiner Arbeiter zerstört worden waren. Als der Jökulhlaup einsetzte,

„… befand sich die Belegschaft der Pfarrei in vier fast fertiggestellten Schafställen und zwei Frauen und ein Junge versuchten, sich auf das Dach des höchsten Stalls zu retten; doch sie hatten das Dach gerade erklommen, als dieses der Gewalt der Schlammmassen nicht mehr standhielt und von der heißen Wasserflut fortgetragen wurde, und so weit das Auge reichte, sah man, wie sich die drei unglücklichen Personen am Dach festklammerten. Eine der Frauen wurde später zwischen den Massen gefunden, die von dem Jökull herabgeflossen waren; doch sie war verbrannt und gewissermaßen halb gar gekocht; ihr Körper war so weich, dass er kaum angefasst werden konnte … Die Schafe waren verloren; manche von ihnen wurden drei Pfarrbezirke weiter vom Meer tot an Land gespült. Das Heu, das gerettet werden konnte, reichte nicht für die Kühe aus, weshalb ein Fünftel von ihnen getötet werden musste; und die meisten Pferde, die nicht ins Feuer gerissen wurden, fand man später völlig verstümmelt."

Die Südostküste Islands wurde immer wieder von Gletscherläufen heimgesucht. Dieser trostlose Küstenabschnitt, an dem es keine Ortschaften und nur wenige Bauernhöfe gibt, besteht aus kilometerlangen, windgepeitschten Sandflächen, sogenannten Sandern: den Mýralssandur, den Meðalladssandur, den Brunassandur und den riesigen, von Wasserläufen geäderten Skeiðarásandur, die 50 Kilometer lang und 25 Kilometer breit sind. Die Skeiðarásandur befinden sich im Tiefland am Fuß des Vatnajökull, dessen Eiskappe stellenweise bis zu 1000 Meter dick ist.

Um Island führt der Hringvegur, die Ringstraße. Die Ringstraße wurde 1974 fertiggestellt, als ein Brückensystem über die Skeiðarásandur, die „Sandfläche des reißenden Flusses", errichtet wurde, dem größten Sander an der Küste. Vor dem Bau der Brücken war es nicht möglich, ganz um Island herumzufahren. Das vulkanische, von reißenden Flüssen durchzogene Landesinnere lässt sich nur zu Pferd oder mit dem Geländewagen durchqueren. Um mit dem Auto von Höfn im Südosten Islands ins 200 Kilometer entfernte Vík im Süden zu gelangen, musste man Island gegen den Uhrzeigersinn umrunden: eine Zweitagestour. Heute dauert die Fahrt über die Sandfläche etwa drei Stunden. („Versucht es nicht an einem windigen Tag", hatte uns unser Freund Thórður gewarnt, „sonst wird die Farbe eures Autos per Sandstrahl weggeblasen.")

Die Ringstraße hat nichts mit einer modernen Schnellstraße gemein. Sie hat zwei Fahrspuren und ist größtenteils unbefestigt. Die meisten Brücken haben nur eine Fahrspur. Dennoch verkörpert die Ringstraße im Bewusstsein der Isländer das Ende einer Zeit der Entbehrung und Härte, als Reisen ausschließlich zu Fuß oder zu Pferd unternommen werden konnten. Die Ringstraße ist eine dünne, brüchige Rettungsleine in die Gegenwart, die jederzeit von einem Jökulhlaup durchtrennt werden kann.

Im Oktober 1996, etwas mehr als einen Monat nachdem wir von Island nach Hause zurückgekehrt waren, brach unter dem Vatnajökull ein Vulkan aus. Unter der Eiskappe des Vatnajökull befinden sich zahlreiche Vulkane; in diesem Fall handelte es sich um einen bis dahin unbekannten Vulkan, der nach einer Trollfrau aus einer alten Legende den Namen Gjálp erhielt. Gjálp war einen Monat lang aktiv. An den Stellen, wo das Eis schmolz, sackte der Gletscher in sich zusammen. Ein großes Becken am Fuß des Vatnajökull füllte sich mit Schmelzwasser. Oberhalb des Beckens war das Eis 250 Meter dick. Der Vatnajökull wurde langsam angehoben wie der Deckel auf einem Topf mit kochendem Wasser.

Als es Anfang November schließlich zum Jökulhlaup kam, stürzten 35 000 Kubikmeter Wasser pro Sekunde herab. Die Flutwelle war fast fünf Meter hoch. Die Wassermassen rissen mehr als elf Kilometer der Ringstraße mit sich, zerstörten eine Stahlbetonbrücke völlig und beschädigten eine weitere schwer. Der entstandene Schaden an der Straße, den Brücken und den

Versorgungsleitungen wurde auf 1,1 Milliarden Krónur oder umgerechnet 16 Millionen Dollar geschätzt. Die Isländer machten sich unverzüglich an die Reparatur der Fahrbahn, und drei Wochen später wurde die Ringstraße wieder für den Verkehr geöffnet.

Elmar Engel

Pompeji im Nordmeer

In der Nacht vom 22. auf den 23. Januar 1972 sahen beschwipst heimkehrende Gäste einer Geburtstagsfeier am Ostrand von Vestmannaeyjar Lichtgarben – ein Feuerwerk, so glaubten sie. „Davon hat uns keiner was erzählt, sonst hätten wir's doch abgewartet!", wunderte sich einer.

Doch dann, als es im Erdinneren zu rumoren begann, als würden schwere Fässer über den Betonboden gerollt, als die Erde zitterte, spätestens da wurde den Brennivin-Seligen klar, dass dieses Feuerwerk denn doch den Rahmen einer Geburtstagsparty sprengte.

Um 1.55 Uhr öffnete sich ein gut anderthalb Kilometer langer Riss an der Ostseite von Heimaey, dem Ort auf der gleichnamigen Insel der Westmännergruppe vor der Südküste Islands. „Als öffnete ein Riese die Erdkruste mit einem Reißverschluss!", sagte ein Augenzeuge.

Kurz vor 2.00 Uhr wusste die Polizei Bescheid. Als die Beamten am Stadtrand erschienen, loderte bereits eine zusammenhängende Feuerwand aus der Spalte, wurden Magma, Lavabrocken bis zur Größe eines VW-Busses herausgeschleudert, sprühten Aschengarben aus dem Erdinneren, quollen giftige Gase. Die Insel zitterte, bebte zu urzeitlicher, donnernder, polternder, fauchender und zischender Begleitmusik.

Tags zuvor hatten ungewöhnlich viele Boote und Trawler im Hafen von Heimaey vor einem heraufziehenden Sturm Zuflucht gesucht – glücklicherweise!

Schon um 2.30 Uhr lief das erste Schiff aus, pausenlos legten andere ab; auf einigen drängten sich bis zu vierhundert Menschen. Es gab keine Panik bei der Evakuierung. Ohne Probleme erreichten die Boote den kleinen Hafen Thorlakshöfn.

Den Vulkan in dem Helgafell, weniger als zwei Kilometer von dem 5000-Seelen-Ort Heimaey entfernt, hatte man bereits als „erloschen“ qualifiziert!

Nun ergoss sich die Lava aus der Erdspalte und strömte am Ortsrand vorbei in das anderthalb Kilometer entfernte Meer. Als jedoch der Wind auf Ost drehte, begann glühendes Gestein vom Himmel zu regnen, Asche auf den Ort niederzugehen, setzte einzelne Dächer in Brand.

Während der nächsten Tage wurden Handwerker vom Festland herübergeholt, die die Fenster mit Blechtafeln verkleideten. Freiwillige schaufelten Tag und Nacht, um die Asche von den Dächern zu entfernen. Trotzdem brachen einige ein; mehrere Häuser nahe am Vulkan verschwanden unter einer Aschenschicht, die über fünf Meter dick war.

Die Lava floss zuerst nach Nordosten ins Meer, ohne großen Schaden anzurichten, doch dann züngelte sie immer weiter hinaus und glitt auf die Hafeneinfahrt zu. Gleichzeitig rückte sie in Richtung Heimaey vor. Die Feuerwehr, die bis dahin die schlimmsten Brände unter Kontrolle gebracht hatte, begann den Glutstrom zu bespritzen, um sein Erstarren zu beschleunigen. An der Kante wölbten sich Buckel und Zungen, die rasch erkalteten, herunterfielen und ein weiteres Vordringen der Lava behinderten. Bulldozer schütteten zusätzliche Erdwälle auf. Der Strom staute sich, wulstete auf; Lava presste sich über die Kante, erstarrte unter den Wasserströmen der Feuerwehrspritzen.

Als ich die Nachricht vom Ausbruch im Radio höre, hält mich nichts mehr zu Hause. Und obwohl Heimaey „off limits“ ist, habe ich Glück: Pastor Johann Hlidar schafft mir die Genehmigung bei – ich darf mit, als

„Pfarr-Assistent". Ich habe mich schon mit mancher Berufsbezeichnung durchgeschlagen – doch so was hätte ich mir nicht träumen lassen …

Ein Drittel vom Vestmannaeyjar ist unter Asche und Lava begraben, überall Rauch- und Dampfwolken. Doch zu hören ist nichts, außer einem leichten Rumoren.

Die meisten der ehemals bunt und fröhlich angestrichenen Häuser der Stadt sind im Aschenguss erstickt. Von mehreren Häusern stehen nur noch die Giebelwände und der gemauerte Schornstein.

Einige der noch nicht evakuierten Bewohner nutzen den windigen Tag, um Habseligkeiten aus den verschütteten Häusern zu bergen – die giftigen Gase werden von dem Seewind aus der Stadt geblasen. Ein Mann klettert aus einem eingeschlagenen Fenster ins Freie, wie ein Karpfen nach Luft schnappend. Er habe sich drüben in der Weststadt verkrochen – mit seinen Kanarienvögeln, und solange die sich bester Gesundheit erfreuten, drohe auch ihm keine Gefahr durch die Gase, die sich in wechselnder Konzentration über die Siedlung legten.

In der Schule ist eine Kantine eingerichtet worden; ich sitze neben einem Chemiker aus Reykjavík. Er hat rotumränderte Augen – „Berufskrankheit", witzelt er müde. Er misst den Gasgehalt in einzelnen Häusern, wo sich noch Menschen eingeigelt haben. „Das verdammte Gas ist gefährlicher als Asche und Lava, das bringt uns noch um! Heute fand ich in einem Haus, das seit der Flucht der Bewohner verrammelt und verriegelt war, eine Kohlenmonoxidkonzentration von 0,2 Prozent! Und schon die Hälfte langt …"

Etwas später tanzt meine Kaffeetasse auf dem Tisch, der Fußboden vibriert, und ich spüre das Rumoren tief drinnen in der Erde.

„Jetzt fängt das Kirkjubaerfjell wieder an", kommentiert der Chemiker das Poltern des so getauften Vulkans. „Pünktlich ist er, die Ausbrüche richten sich nach den Tiden. Jetzt ist auflaufendes Wasser, und bei Flut scheint die See durch unterirdische Kanäle in das Kraterinnere zu gelangen. Und das Spektakel geht los."

„Wenn Wasser mit Feuer sich mengt", meine ich …

Ob ich diese feurige Orgie aus „Wallen und Brausen und Sieden und Zischen" aus nächster Nähe erleben wolle, fragt mich Johann und stellt mir Zacharias vor. Der blinzelt aus Albino-Augen: Gas oder Brennivin? Wahrscheinlich beides. „Es ist ganz ungefährlich!", beteuert er. Zacharias gehört zu der Mannschaft, die den Lava-Ausfluss direkt an der Quelle beobachtet. „Bei Nordwestwind fliegen die Lavabrocken nicht in unsere Richtung. Außerdem haben wir ein Stahlblech als Schutzschild aufs Dach des Jeeps montiert!" Dass es trotzdem kein Sonntagnachmittagsspaziergang zu Kaffee und Kuchen wird, steht außer Zweifel.

Für die Röhren des Kühlwassers, mit dem man den Lavafluss einzudämmen versucht, ist eine Piste angelegt worden, die wir mit dem Jeep hochkriechen. Einige Stunden später sind wir oben, in Kraternähe. Die Erde zittert, Schwefel- und Gasgestank.

Die Jeepscheinwerfer durchbohren das nächtliche Inferno, zersägen die Schwaden und Dämpfe, die sich aus dem Krater wälzen. Das Rumoren unter uns wird zum Wummern, untermalt von heiserem Fauchen, spitzem Zischen. Sperrt Nidhögg, der Feuerdrache der nordischen Sagen, schon seinen Rachen auf, um uns samt Jeep zu verschlingen?

Jetzt beginnt der Vulkan Feuergarben in den nächtlichen Himmel zu schleudern; Lava wird hoch über die Flammen hinausgewirbelt, dort im Aufwind der Gase festgehalten. Dann senken sich die glühenden Steine erst im Zeitlupentempo, fallen herunter, klackern im Stakkato in die schwarze Aschenwüste uns gegenüber. Die Eruptionen steigern sich zu einem Inferno – ein anderes Wort fällt mir nicht ein! – zu einem urweltlichen Donnern. „Um Gotteswillen, wenn jetzt der Wind dreht!"

Die Kameraarbeit lenkt mich ab; Stativ, Blende offen, 20 Sekunden Belichtungszeit, ich variiere.

Auf Zacharias macht das Spectaculum keinen großen Eindruck mehr – „Feuerwerk", grient er, zieht eine Schnapsflasche aus der Tasche, trinkt sie leer und wirft sie mit ein paar Flüchen über den Krater. „Wir fahren wieder runter!"

Schon nach wenigen Tagen hatte einer der Lavaströme die Hafeneinfahrt von Heimaey von zwei Kilometern auf hundertsechzig Meter reduziert. Es schien nur noch eine Frage der Zeit zu sein, wann der Hafen ganz abgeriegelt sein würde. Und wenn die Lava die Einfahrt verstopfte, war es um die menschliche Existenz auf der Insel geschehen. Denn wo sollten Fischerboote anlegen, vor Stürmen Schutz suchen? Ohne Hafen würde Heimaey in kürzester Zeit ausbluten.

Islands größtes Pumpenschiff, die „Sandey", trat auf den Plan und richtete einen gewaltigen Wasserstrahl auf den langsam und stetig vorrückenden Strom. Der schien innezuhalten, doch immer mehr plastische Masse wälzte sich heran, drückte von hinten nach, türmte sich höher und höher. Sollte es nicht gelingen, auch den nachschiebenden Gesteinsbrei abzukühlen, würden die Dämme brechen, würde Nidhöggs Geifer den Heimaey-Hafenkessel verschütten.

Die Männer verlegten jetzt Eisenrohre über die heiße Oberfläche, nachdem ein Bulldozer für den LKW einen Weg gebahnt hatte. Sie koppelten die Segmente zusammen und schlossen sie an. Der Untergrund bebte, einige Rohre brachen – doch das Wasser kühlte jetzt die gesamte Breite des Lavastromes. Dampfschwaden stiegen zum Himmel; nach zwei Wochen hatte der Kühleffekt die Lava halbwegs zum Stillstand gebracht.

Fünfzig neue, aus den USA eingeflogene Pumpen vervielfachten die Kapazität, statt Stahl- verwandte man jetzt Kunststoffröhren. Solange sie Wasser führten, widerstanden sie der Hitze; sie erwiesen sich als flexibler als die Stahlrohre, passten sich der Bewegung der Lava an, ohne abzuknicken.

Zwei Monate nach dem Ausbruch war der Schaden eingedämmt. Doch die Lava hatte durch den Ortsteil von Heimaey eine breite Schneise geschlagen, selbst ein zwölf Meter hoher Damm hatte sie nicht hindern können; der Lavafluss war über ihn hinweg geströmt. Erst unten am Hafen stoppte die zähe Flut.

Endlich gelang es, die Rohre bis hinauf zum neuen Krater zu verlegen, die Lava zu befestigen; jetzt versiegte der Nachschub, der Brei erstarrte zu Fels.

Noch während des Ausbruches hatte man damit begonnen, die Asche wegzuräumen, Heimaey wieder auszugraben. Zwei Drittel des Ortes konnten gerettet werden.

Wie ein Wunder erschien die Tatsache, dass lediglich ein Todesopfer zu beklagen war – trotz der Arbeit in einem glühenden Stein- und Aschenregen und obwohl Nebel und Gase die eigenen Beine und Füße, die auf glühendheißer Lava Halt suchten, für die Männer des Räumtrupps unsichtbar machten. Ein Fischer aus Keflavik hatte sich während der Evakuierung auf der Suche nach Alkohol oder Drogen in die Apotheke geschlichen und war in deren Keller durch Kohlenmonoxid umgekommen.

Ein Ereignis am Rande – wo es nicht die Sonne an den Tag brachte, sondern Nidhöggs schnaubende Wut: Beim Evakuieren der Insel stellte sich heraus, dass der Schiffsraum zum Abtransport der Schafe bei Weitem nicht ausreichte. Dieser Fehler war nicht in einer bürokratischen Fehlplanung begründet, sondern in der Tatsache, dass offensichtlich eine Reihe von Westmännern die Regierung mit falschen Steuererklärungen beschwindelt und falsche Stückzahlen für ihre Herden angegeben hatten …

Anderthalb Jahre nach dem Ausbruch, im Herbst 1974, bin ich wieder auf Heimaey.

Der Berg ist zur Ruhe gekommen, die Stadt wieder bewohnt. Ich sehe viele neue Fertighäuser, während man woanders nur renoviert hat: Fußböden, Tapeten,

Fensterglas. Aus den Straßen ist die Asche verschwunden, in den Vorgärten wieder Gras angesät. Ungeduldige haben Rasenplatten gekauft und verlegt. Ein Flugzeug kurvt über Heimaey, streut Grassamen und Düngemittel aus.

Fünftausend Menschen leben nun wieder auf den Vestmannaeyjar – gar nicht einmal unbedingt die, die schon vorher dort wohnten. Für die „auf Island“ Gebliebenen kamen andere, meist junge, aktive Männer und Frauen, Pionier-Typen. Sie kaufen billig die verschütteten Häuser auf, buddeln sie mit Baggern nach Feierabend in der Fischerei-Industrie frei, mauern, malen, zimmern, löten – arbeiten rund um die Uhr.

Hans Joachim Kürtz

Der Archipel des Trollweibs

Es war eine verschmähte Liebe unter Riesentrollen, die vor der Südküste Islands den wundersamen Archipel der Westmännerinseln entstehen ließ. Denn als einem zeternden Trollweib auf den Bergen der Hellisheiði eines Tages der Auserwählte genervt davonlief, schleuderte es ihm in blinder Wut eine Ladung Felsgestein hinterdrein. Der Zorn der Verschmähten muss wahrlich riesengroß gewesen sein. Denn die Wurfgeschosse, die zum Glück für den treulosen Unhold ihr Ziel verfehlten, flogen 15 Kilometer weit ins Meer hinaus und wurden an der Einschlagstelle zu einem Dutzend Inseln, Klippen und Schären – zu den Vestmannaeyarn.

Eine Entstehungsgeschichte so recht nach den Herzen der Isländer, die Sagen lieben, auch wenn die klugen Männer mit den allzeit paraten, kleinen Gesteinshämmern in der Tasche, Geologen genannt, da doch sehr die Stirne runzeln. Für sie sind die Felseneilande des Zeterweibes nicht mehr und nicht weniger als die ganz profanen Überreste nacheiszeitlicher, submariner Vulkane. Denn der ganze Archipel liegt auf einem der am heftigsten unter Island brodelnden Gluttöpfe. Daran haben das verheerende Heimaey-Feuer von 1973, das den einzigen Ort der Inseln zu einem Pompeji des Nordens werden ließ, ebenso drastisch erinnert wie zehn Jahre davor die ungestüme Geburt der benachbarten kleinen Vulkaninsel Surtsey.

Die isländische Sprache, die sich seit tausend Jahren so wenig verändert hat, dass die Schulkinder hier die um 1200 aufgeschriebenen Sagas heute noch mühelos lesen und verstehen können, kennt für den auf Island allgegenwärtigen Wind mehr als ein Dutzend unterschiedlicher Namen, die seine wachsende Stärke bis hin zum heftigsten Orkan bezeichnen. Für die Vestmannaeyar müsste man diese schon sehr differenzierte Nomenklatur noch um einen zusätzlichen Begriff nach oben erweitern. Denn der Archipel hat nicht nur den heißesten Boden unter seinen Felsen, er ist auch als die stürmischste Ecke von Island verrufen. Denn alles, was da über den wilden, weiten Atlantik heranbläst, kommt hier ungebrochen in seiner Kraft an.

Mit ihren senkrecht aus dem Meer aufsteigenden Basaltwänden und den von ewiger Brandung zerfressenen Klippen stemmen sich die Inseln gegen die wütende, tosende See. Die höchste hier amtlich ausgepegelte Woge brachte es auf 28 Meter, was immerhin der Höhe eines Zehnetagenhauses gleichkommt. Und je sorgenvoller die vom Fischfang lebenden Väter den Sturmwarnungen des Seewetterberichts lauschen, umso fröhlicher werden die Kinder der Insel. Denn ab Windstärke zehn heißt es „schulfrei" auf Heimaey, damit die Kleinen nicht von der Straße gefegt werden. Nicht selten rasen die Stürme mit mehr als 200 Stundenkilometern über den Archipel.

Heimaey ist die Hochburg der isländischen Fischerei. Hier, auf der vorgelagerten Insel, sitzt man näher an den besten Fanggründen als sonst wo auf Island. Und kein anderer Ort hat einen derart gut geschützten Hafen für seine Fangflotte, wie es der natürliche, rundum von hohen Felsen umgebene Kessel im Rücken dieser Insel ist. Nur eine knapp 2000 Meter breite Zufahrt hat die Natur freigelassen. Genauer gesagt, hatte. Denn bei der Vulkankatastrophe 1973 war der mächtige, zielgenau auf diese Fahrrinne zustrebende Lavastrom schon dabei, sie mit seinem glutflüssigen Basalt für alle Zeiten zu verschließen. Gut anderthalb Kilometer weit hatte er sich schon als unentfernbare Felsbarriere in die

Zufahrt geschoben. Hätte er den Verschluss ganz geschafft, wäre es für immer vorbei gewesen mit der großen Fischerei auf den Westmännern. Doch dann geschah nach dem ersten Wunder von Heimaey, der kompletten Evakuierung der Bevölkerung unmittelbar nach dem Ausbruch innerhalb weniger Stunden, das zweite Wunder: Zum ersten Mal weltweit konnte einer riesigen Lavawalze durch Menschenhand Einhalt geboten werden – und das in allerletzter Minute.

Am Ende hatte sich dann die existenzielle Bedrohung durch den Lavastrom für die Fischer hier sogar noch in einen unschätzbaren Vorteil verwandelt. Denn der auf 160 Meter Breite verengte Einlass zum Kessel schützt den Hafen noch weit besser vor allen Stürmen als je zuvor. Man kann auf dem Archipel also weiter von den „nassen Ernten" auf dem Meer leben. Fang und Verarbeitung sind noch immer der wichtigste Broterwerb für die 4000 Heimaeyer – so wie es schon seit Olims Zeiten für ganz Island der Fall war. Denn alles hier oben hing stets auf Gedeih und Verderb vom launischen Hering ab, dem Silber des Nordmeeres, und vom nicht minder unzuverlässigen Kabeljau. Machten diese Arten ein paar Jahre lang in Folge große Bögen um alle Netze, hielt bei den Isländern Schmalhans Einzug als Küchenmeister. Hievte man die Fangsäcke aber prall gefüllt aus dem Meer, ließ der Transmissionsriemen Fisch gleich die ganze Inselwirtschaft auf Hochtouren laufen. Der größte Sohn Islands, der nobelpreisgeadelte Halldór Laxness, hat den Fisch den eigentlichen Gott seiner Landsleute genannt. „Hier wohnt das wahre Island, die Seele unseres Volkes, der Gott unseres Volkes", lässt er den Protagonisten in seinem Roman „Fischkonzert" beim Anblick des Fischereihafens feierlich verkünden.

Jüngst hat die renommierte Londoner „Economist Intelligence Unit" den Isländern bescheinigt, dass sie auf der Weltrangliste der friedfertigsten Nationen den ersten Platz belegen. Wen auch schon sollten sie von ihrer weltentfernten Insel aus bekriegen? Zwar haben seinerzeit die alten Wikinger reichlich Blut fließen lassen, die Sagas triefen geradezu vom roten Lebenssaft, aber damals war es Brauch, dass sich die Sippen im eigenen Lande gegenseitig die Köpfe ein- oder, noch wirkungsvoller, einfach abschlugen. Doch ist das wohl mehr als eine wikingische Abart von Volkssport zu sehen. Und irgendwie galt es seinerzeit auch als unehrenhaft, auf der Schaffellpritsche daheim eines natürlichen Todes zu sterben. Heute sind die paar eher symbolischen Kanonen an Bord der Küstenwachschiffe die einzigen, die sich diese Nation ohne jeden Soldaten leistet. Aber laut gesprochen haben sie doch schon mal.

Denn zwei Kriege hat Island unlängst geführt, auch wenn der Rest der Welt das gar nicht oder eher mit Schmunzeln zur Kenntnis genommen hat. Und zwar gegen einen Nachbarn, mit dem man obendrein auch noch in der NATO verbündet ist. Natürlich ging es dabei ums Eingemachte, ums Mark der isländischen Wirtschaft – um den Fisch. Es waren die beiden Dorschkriege, in den 1950er- und 1970er-Jahren. Da hatte Reykjavík im forschen Alleingang die Ausweitung seiner Hoheitsgewässer zunächst von drei auf zwölf Seemeilen erklärt, dann auf 50 und 1974 noch mal auf 200 Seemeilen. Demonstrativ hatte die ohnehin recht ruppige englische Konkurrenz, diese Hoheitsakte ignorierend, ihre Trawlerflotte vor Islands Küste geschickt, eskortiert von der Royal Navy. Denn natürlich war die große, stolze Seefahrernation nicht gewillt, solches hinzunehmen.

Es kam 1958 zum ersten „Krieg" auf den Fanggründen, wobei man sich noch damit begnügte, den jeweils anderen mit Dorschköpfen und Bibelsprüchen zu bombardieren. „Salomo 23, Vers 10", funkten die Briten. Die Isländer schlugen nach bei den Sprüchen Salomos und fanden: „Rüttele nicht an den vorigen Grenzen, und gehe nicht auf den Acker der Weisen …" Bei der zweiten Auseinandersetzung 1974 aber ließ man Kriegsgott Thor den Hammer schwingen. Das nach ihm benannte isländische Küstenwachschiff feuerte mehrere Salven als Warnschüsse vor den Bug von britischen Fregatten, die ihre Trawler bewachten.

Klar, dass die Marine Ihrer Majestät solcherlei Schmach auf den Weltmeeren nicht ungestraft lassen durfte. Die Fregatten „Star Aquarius“ und „Lloydman“ nahmen die „Þor“ so unsanft in ihre Mitte, dass diese vorzeitig und reichlich zerbeult nach Reykjavík heimkehren musste. Doch trotz aller Übermacht der glorreichen Royal Navy musste sich am Ende der große Goliath doch dem kleinen David beugen, und – wenn auch nur zähneknirschend – Islands Hoheitsansprüche akzeptieren. Dafür hatte dann mit Nachdruck die NATO gesorgt, die zur Hochzeit des Kalten Krieges damals um keinen Preis ihren strategisch wichtigen, nordatlantischen Vorposten Island verprellen und verlieren wollte.

Doch vergessen haben es die nachtragenden Briten den Isländern wohl nie, sagt doch auch die englische Bibel (5. Buch Mose, K 32, V 35): „Vengeance is mine, saith the Lord“ – „Die Rache ist mein, spricht der Herr“. Die rechte Stunde dafür sah London wohl gekommen, als Island im Sommer 2008 mit dem monetären Absturz seines „Trio infernale“, sprich seiner drei schon größenwahnsinnig pokernden Banken, derart ins Strudeln geriet, dass der Insel die Staatspleite drohte. In dieser Notsituation von Sein oder Nichtsein sei es Großbritannien gewesen, das den für Island überlebenswichtigen Kredit des Internationalen Währungsfonds blockiert hätte. So jedenfalls hatte Staatspräsident Ólafur Ragnar Grimsson vor versammelten Botschaftern ganz unverblümt in Richtung London gewettert.

Doch zurück aus der großen Weltpolitik auf den kleinen Mikrokosmos Westmännerinsel. Es versteht sich schon von selbst, dass diese Insel vor der Insel einen ganz eigenen Menschenschlag hervorgebracht hat, der sich deutlich von den restlichen Isländern unterscheidet. Man sagt den Westmännern (und auch den Frauen) nach, sie seien temperamentvoller, lebensfroher, auch leichtsinniger als ihre doch eher schwerblütigen, bedächtigen und recht mundfaulen Landsleute von der Hauptinsel. Und angeblich findet man hier die schönsten Frauen in ganz Island. Dafür sorgt wohl der größere keltische Anteil im Blut der Heimaeyer – und auch noch ein Schuss vom arabischen. Letzterer war im Katastrophenjahr 1627 auf sehr gewaltsame Weise auf die Insel gekommen. Denn in jenem Sommer waren auf ihrem Beutezug durch das Nordmeer 300 nordafrikanische Piraten über Heimaey hergefallen, mit Brandschatzen, Morden und Vergewaltigungen, „wie tolle, blutdürstige Hunde", hatte Bezirksrichter Klaus Eyjólfsson nach dem Überfall notiert.

In seinem Bericht heißt es: „Sobald sie die Gesündesten und die Kräftigsten für die Sklaverei ausgewählt hatten, steckten sie die Häuser an und verbrannten sie zu Asche, mit allem was darinnen war. Eine Frau mit ihrem kleinen Kind trieben sie mit Spießen in die Glut zurück und peinigten ihre Körper in den Flammen. Weibspersonen lagen, einige erstochen, andere von Hieben zerstückelt, tot und mit auf schmähliche Weise bis über die Köpfe hochgeschlagenen Kleidern vor den Türen ihrer Häuser, sodass sie dort am nackendsten waren, wo es sich am wenigsten schickt … Überhaupt war es ihnen das größte Vergnügen, die Alten in kleinste Stücke zu schneiden, hauen und stechen. Weder im Inland noch im Ausland wird man Beispiele solcher Grausamkeiten an wehrlosem und arglosem Volk finden. Nicht einmal bei der Zerstörung Jerusalems." 36 Heimaeyer hatten bei diesem grausamen Massaker ihr Leben lassen müssen, 242 Männer, Frauen und Kinder hatte man in die Sklaverei verschleppt.

Die keltischen Anteile gehen sogar bis in die Zeit der ersten Besiedlung Islands zurück. Nicht wenige der Landnehmer hatten nämlich auf ihrer Überfahrt von Norwegen her den Bug ihres Auswandererschiffes erst einmal gen Irland oder Schottland gerichtet, wo die Kelten saßen. Dort pflegte man sich nicht nur mit Sklaven für die Schwerstarbeit des Urbarmachens einzudecken, man fand auch freiwillige keltische Gefolgsleute, die später auf Island zu freien Bauern wurden, und, sicher nicht zuletzt, waren da die Frauen. Die dunkeläugigen Keltinnen, die ihren Ursprung ja in südlicheren Gegenden Europas hatten, übten offenbar einen besonderen Reiz auf die Nordmänner aus. So berichten die Sagas von den schönen Frauen aus edlem Geschlecht, die den Großbauern aus Norwegen mit nach Island folgten. Notfalls raubte man sich auch kurzerhand seine Zukünftige nach guter, alter Wikingerart. Aus vergleichenden DNA-Analysen weiß man seit Kurzem, dass solche Brautschauen in Irland oder Schottland nicht nur Ausnahmen waren, sondern offenbar in recht großem Umfang betrieben wurden. Denn nach der neuen Studie waren 60 Prozent der weiblichen Vorfahren der heutigen Isländer nicht Skandinavierinnen, sondern Keltinnen. Bei den Männern dagegen waren 80 Prozent skandinavischen Ursprungs.

Zwei kräftige keltische Sklaven hatte sich auch Hjörleifur, der Schwertbruder des legendären ersten Isländers Ingólfur, bei seinem Zwischenhalt auf den Hebriden zugelegt. Diese beiden „Westmänner", wie man die Leute von den britischen Inseln daheim in Norwegen nannte, hatte Leif dann auf Island wie Ochsen vor einen Pflug gespannt. Da das aber nun verständlicherweise den beiden überhaupt nicht behagte, hatten sie ihren Herren samt seinen norwegischen Begleitern bei erstbester Gelegenheit erschlagen und sich mit deren Frauen und Vieh auf eine abgelegene Inselgruppe vor der isländischen Küste davongemacht. Natürlich entdeckte sie der Eidbruder Ingólfur dort höchstpersönlich und erschlug sie seinerseits. Was diesen Eilanden dann zu ihrem Namen Westmännerinseln (Vestmannaeyar) verhalf. So jedenfalls berichtet es das berühmte „Landnahme-Buch", die für alle Isländer über die Jahrhunderte unumstrittene „Bibel" in Sachen Besiedlungsgeschichte.

Zur Besiedlung und zur ethnischen Aufschlüsselung der Beimengungen im isländischen Blut gibt es noch eine besondere Episode anzumerken. Darüber steht noch in keinem isländischen Geschichtsbuch etwas zu lesen, und auch literarisch hat sie bislang kaum Niederschlag gefunden. Dabei geht es immerhin um die zweitgrößte Einwandererwelle nach der Erstbesiedlung. Sie kam 1947 aus Deutschland, und sie böte reichlich von dem Stoff, aus dem die Sagas sind. Es waren Flüchtlingsmädchen, die man sich in einer vom Bauernverband in Reykjavík organisierten Aktion gezielt aus dem noch ziemlich zertrümmerten Nachkriegsdeutschland nach Island geholt hatte – zu einem zweijährigen Aufenthalt bei Arbeit auf dem Bauernhof.

Zwar war nicht klar, warum man fürs Heuwenden und Kühemelken auf der Insel am Polarkreis Mädchen suchte, die – wie die offizielle Ausschreibung besagte – möglichst von „norddeutscher Rasse und protestantischer Konfession“ sein sollten. Doch danach fragten die fast 600 jungen Frauen, die dem Aufruf folgten, nicht lange. Was für sie zählte, war die Aussicht, für zwei Jahre den Hunger und Mangel daheim hinter sich zu lassen und stattdessen in eine heile Welt zu kommen. Mag sein, dass der einen oder anderen auch ein Mangel der besonderen Art den Entschluss erleichtert hat. Schließlich waren in Deutschland viele hunderttausend junge Männer nicht wieder aus dem Krieg zurückgekehrt, was die Heiratsaussichten ziemlich schmälerte.

Über Island war fast gleichzeitig ein besorgniserregender Mangel an jungen Frauen hereingebrochen. Denn die hier während des Krieges stationierten amerikanischen GIs waren in großer Zahl wieder abgerückt. Und ihnen war ein halbes Tausend isländischer Mädchen in die vermeintliche Wunderwelt der Staaten gefolgt, und das vor allem aus den ärmlichen, weit abgelegenen Dörfern und von den vielen Einödhöfen. Bei damals kaum 150 000 Seelen auf der ganzen Insel kam ein solcher Aderlass an Müttern von morgen einer demografischen Katastrophe gleich. Das flache Land drohte zu entvölkern, also mussten Einwanderinnen her. Und da hatte Islands Konsul Siems in Lübeck, der gleich an das Los der Flüchtlinge aus dem deutschen Osten dachte, die zündende Idee: Warum nicht künftige Bauersfrauen aus Deutschland, mit zweijähriger Eingewöhnungsfrist als Landarbeiterinnen?

Die Bauernschläue, mit der man in Reykjavík dann das Ganze einfädelte, zahlte sich aus: Rund zwei Drittel der 600 Frauen, nordisch-blond die meisten und auch protestantisch, fanden während ihrer zwei Landjahre den Mann ihres Lebens und blieben. Eine von ihnen auch auf einem Hof auf Heimaey, in dessen unmittelbarer Nachbarschaft sich 1973 die Erde aufgetan und himmelhoch Feuer gespien hatte. Sie war eine der fünf Hauptpersonen einer TV-Dokumentation über die ungewöhnliche Immigration deutscher Frauen, die das ZDF Ende der 1970er-Jahre produzierte und deren Autor ich war.

Aber noch einmal zurück zu der Geschichte mit den beiden Kelten-Sklaven und dem „Landnahme-Buch". Dieses verzeichnete die Ankunft des ersten Siedlers, Ingólfur Arnarson, für das Jahr 874, das zum Jahr Null für die isländische Nation wurde. Und stolz konnten die Isländer verkünden, dass sie als einzige Nation der Welt dank der frühen Handschriften ihre Geschichte buchstäblich bis zum namentlich verzeichneten ersten Bürger zurückführen können. Auch die 399 Kolonisatoren, die Ingólfur bis zum Jahr 930 folgten, werden namentlich und nach alttestamentarischem Vorbild mit ihren Stammbäumen aufgeführt, dazu auch noch mit ihren Eigenarten („Ljot der Ungewaschene", „Bjarni Stangenhieb") und mit schönsten biografischen Anekdoten. Diese frühe Genealogie – die im Übrigen bis zum Ende des 11. Jahrhunderts nur mündlich von Generation zu Generation weitergegeben wurde, ehe man sie dann zu Pergament brachte – ermöglicht es sozusagen jedem Isländer heute, seine Herkunft über tausend Jahre zurück bis hin zu diesen 400 Familien nachzuweisen. So wurde dann das *„Landnámabók"* zu einem wichtigen Stück vom Nationalbewusstsein.

Ausgerechnet auf Heimaey aber hatte Anfang der 1980er-Jahre die junge Archäologin Margrét Hermannsdottir dieses Fundament der frühen Historie ins Wanken gebracht. Für ihre Doktorarbeit hatte sie hier die Überreste einer Siedlung freigelegt, die man 30 Jahre zuvor schon einmal untersucht hatte, wobei ihre Entstehung auf die Zeit um das Jahr 900 datiert wurde. Margrét hatte die Artefakte erneut unter die Lupe genommen – mit allen Techniken und Methoden der modernen Archäologie, von der Pollenanalyse bis zur Tephrochronologie. Letztere hat gerade für Island besondere Bedeutung. Denn bei ihr sind es ausgerechnet die Vulkane, die die Frage nach dem Alter beantworten. Dieses kann man aus den übereinandergeschichteten Lagen der Vulkanasche im Grabungsprofil ablesen. Denn jeder Ausbruch hinterlässt mit seiner Asche seine ganz spezifische, chemische Visitenkarte. Deren analytische Daten hat man inzwischen zu einer Altersskala zusammengefasst, die recht präzise Jahreszahlen angibt. Dank deren Hilfe brachte die neue Untersuchung eine Riesenüberraschung: Die entsprechende Ascheschicht war nämlich schon über hundert Jahre vor Ingólfurs Landnahme über Heimaey niedergegangen – und schon da hatten auf der Insel nordische Menschen mit Pferden, Schafen und Hunden fleißig Landbau und Viehzucht betrieben.

Das aber bedeutete, nicht der „Nationalheilige" Ingólfur war, wie das „Landnahme-Buch" feierlich verkündet, der erste Siedler. Schon vor dem legendären Jahr Null war Heimaey bewohnt – und das nicht nur von den in den alten Handschriften erwähnten paar „Papen", den irischen Eremiten, die fernab der Menschheit in der Einsamkeit der Lavaküsten ein gottgefälliges Dasein geführt hatten. Diese geradezu revolutionäre Erkenntnis versetzte das ganze Archäologengewerbe Islands in Aufruhr. Denn dieses hatte seit seinem Bestehen seine

Hauptaufgabe immer darin gesehen, mit dem Spaten nachträglich zu bestätigen, was die ganze Nation aus der Lektüre der „heiligen“ Handschriften schon zu wissen meinte.

Und nun schickte sich ausgerechnet jemand aus der eigenen Zunft an, das „Landnahme-Buch“ zu widerlegen, was schon fast an geistigen Landesverrat grenzte. Wohlmeinende rieten der angehenden Kollegin, ihre Promotion doch lieber in Oslo zu versuchen, was Margrét dann auch recht erfolgreich tat. Sie kehrte anschließend aber wieder zurück nach Island. Inzwischen gibt hier eine neue Generation von Archäologen den Ton an, sie haben die alten Scheuklappen der Ehrfurcht vor den Handschriften abgelegt. Und da man auch auf den Schwester-Inseln, den Färöern, zu ähnlichen Erkenntnissen gekommen ist, beginnen die Isländer sich an den Gedanken zu gewöhnen, dass ihre Landnahme-Bibel nur mit großer Vorsicht als verlässliche historische Quelle zu nutzen ist.

Wenn von den Bewohnern des Archipels die Rede ist, sollen auch die gefiederten nicht vergessen werden. Denn die Vestmannaeyer sind ein einzigartiges Paradies für alle Ornithologen. Die von Menschen nicht genutzten Eilande um Heimaey werden im Sommer zur Kinderstube für Hunderttausende von Wasservögeln. Auf allen Terrassen und Felsbändern in den Wänden bleibt keine Handbreit unbesetzt. Dicht gedrängt nisten in riesigen Kolonien Mantelmöwen und Kormorane, Tordalken und Trottellummen, Eissturmvögel und Papageitaucher, die possierlichen Clowns der nordischen Vogelwelt. In die besonders steilen Felsen von Hellisey hat sich die seltene Spezies *Morus bassanus* zurückgezogen, die gänsegroßen, schneeweißen Basstölpel. Diese imposanten „Herren des Atlantiks“ begnügen sich jeweils mit nur einem einzigen Nachkommen pro Jahr.

Selbst die schmalsten Felssimse, auf die kein Nest mehr passt, werden noch von Alken und Lummen für die Erhaltung der Art genutzt. Sie legen ihre Eier auf dem nackten Fels ab, und der liebe Herrgott hat durch eine besonders birnen- oder tropfenförmige Gestalt der Eier dafür gesorgt, dass diese bei dem steten Gedränge und Geschiebe nicht einfach über die Felskante rollen. Denn nach den Gesetzen der Schwerkraft rollen sie nur um sich selbst im Kreis herum.

Wenn aber trotz solcher Vorsorge von höchster Stelle jedes Jahr Zehntausende von den Vogeleiern hier auf den Inseln nicht ihren eigentlichen Daseinszweck erfüllen können, dann liegt das an der besonderen Spezies homo sapiens occidentalis. Deren maskuline Vertreter, eben die West-Männer, üben sich nämlich zum Zwecke des Eiersammelns schon seit Jahrhunderten buchstäblich von Kindesbeinen an in der hohen Kunst des Seilschwingens und der geradezu eichhörnchenhaften Fertigkeit im Felsklettern. Denn in vergangenen Zeiten war die Eierernte eine Notwendigkeit, wenn man den völlig einseitigen Speisezettel mit seinen Fischgerichten wenigstens im Frühsommer für eine Weile durch Eiergerichte und gesottenem Papageitaucher ergänzen wollte. Beides holte man sich aus den hohen Brutfelsen – ein waghalsiges Unternehmen, das auch mit ständiger Lebensgefahr verbunden war. Um an die Nistplätze heranzukommen, mussten die Männer vom heftig schwankenden Boot aus hoch in die Felsen klettern und sich dort auf Vorsprüngen oder den schmalen Simsen seitwärts weitertasten. Mit den eingesammelten Eiern musste man dann auch noch wieder unbeschadet ins Boot zurückkommen. Oder man ließ sich, wo immer es möglich war, von einer über das Wasser kragenden Felskante aus an einem langen Seil herab und versuchte, in weiten Schwüngen über den anbrandenen Brechern immer neue Positionen in der Wand zu erreichen. Beide Methoden erfordern eine gehörige Portion Mut, Geschicklichkeit und ein jahrelanges Training. So sieht man auch heute noch selbst kleinste Schuljungen bei ihren emsigen Trockenübungen des Schwingens am

Seil. Zwar ist die traditionelle Eierernte längst keine Notwendigkeit der Nahrungsbeschaffung mehr. Dafür ist sie umso mehr zu einer extremsportlichen Herausforderung für jeden jungen Mann auf der Insel geworden. Isländische Psychologen und Verhaltensforscher sehen in dieser mit anhaltender Begeisterung geübten, hoch riskanten Betätigung dann auch so etwas wie einen nordischen Mannbarkeitsritus.

Viola Keeve

Die wahre Kulisse des „Herrn der Ringe"

14. Januar 2004 „Es lag ein bitterer Geruch in der Luft von Mordor, der den Mund austrocknete", schreibt J.R.R. Tolkien im dritten Teil seiner Trilogie „Der Herr der Ringe". Saurons Reich ist ein sterbendes Land, grau, graslos, zerklüftet, eine verbrannte, erstickte Wüste, Zentrum der dunklen Macht und das so ersehnte wie gefürchtete Ziel der Ringträger Frodo und Samweis. Vor den Hobbits liegt der Schicksalsberg „in schwelendem Schlummer". Die Wolken, die über ihm hängen, ziehen nach Osten. „Doch immer noch fiel nur ein graues Licht auf die trostlosen Felder von Gorgoroth. Dort zogen Rauchfahnen über den Boden, sammelten sich in Mulden, und Dämpfe quollen aus Erdspalten."

Was Tolkien beschreibt, ist Teufels Küche. Und genauso sieht es in Krýsuvik aus, dem Thermalgebiet von Hafnarfjördur, das eine knappe halbe Autostunde von Reykjavík entfernt liegt. Hinter schwarzen Bergen rund um den braunen, dunklen See Graenavatn steigt weißer Dampf auf. Schwefelschwaden ziehen über erkaltete, moosbewachsene Lavafelder. Púfur nennen sie die Isländer, Buckelwiesen. Manche erstarrte Lavabrocken erinnern in der Dämmerung an Trolle, Gnome, Orks. Es ist eine gespenstische Kulisse. In der „Edda", der isländischen Göttersaga, gibt es Waldtrolle, Heckentrolle, Eistrolle und Windzaustrolle, die sich auf freier Ebene den Wind durch die Haare pfeifen lassen. Trolle, schreibt Michael Nagula im Kompendium „Tolkiens Welt", seien Literatur gewordene Wiedergänger der Gefahren einer realen Welt, Bilder der Angst, Fälschungen der Wirklichkeit. An manchem Wasserfall wie dem Dettifoss thront ein steinernes Gesicht meterhoch über der Gischt, sichtbar erst auf den zweiten Blick.

Gestalten aus der Unterwelt

Tolkien war fasziniert von solch lebendig werdender Natur. Die Rohirrim, die Reiter der Mark, haben in seinem Roman an jeder Kehre der Straße Steinmenschen errichtet, die durch die Witterung Macht oder Schrecken eingebüßt haben. Diese Puckelmänner jagen im Ring-Epos nur den Hobbits, den Halblingen, Angst ein. Geneigt, umgestürzt, zerbrochen, schwarz und verwittert, wirken sie „wie eine Reihe alter und hungriger Zähne". In Island sind sie den Launen einer vulkanischen Natur entsprungen: Frost und Erosion lassen in der Wildnis aus Lava, Flechten und Asche bizarre Gebilde wachsen, Gestalten der Unterwelt wie in Krýsuvik mit seinen atemraubenden Schwefel- und Schlackefeldern.

Heiße Gase mit Temperaturen zwischen zweihundert und achthundert Grad Celsius halten hier das Grundwasser immer in Bewegung. Unter der weißgelben Oberfläche bilden sich Hohlräume, die einbrechen können. Trotzdem sind die Felder nur provisorisch abgesperrt. Jeder kann dicht an die blaugrauen, blubbernden Schlammtöpfe herantreten, jeder ist für sich selbst verantwortlich, das ist die Philosophie der individualistischen Isländer. Krýsuvik ist ein Geheimtipp, keine touristische Hochburg Islands. Die Busse fahren nicht hierher, sondern zu den Geysiren, zum goldenen Wasserfall Godafoss, zur Gletscherlagune Jökursarlón oder zum Nationalpark Skaftafell am Rand des größten Gletschers Vatnajökull.

Heiße Erdspalten und blaue Lagunen

„Gletscher und Wasserfälle gibt es nicht, aber sonst ist Krýsuvik Island im Miniaturformat", sagt Jón Halldór Jónasson, der ehemalige Tourismuschef von Hafnarfjördur, „perfekt für alle, die nur ein paar Tage in Reykjavík bleiben.“ Das Gebiet der heißen Quellen ist nicht groß, der Ausflug nach Mordor dauert höchstens einen halben Tag. Gute Reifen sollte der Leihwagen haben, denn die Straße ist unbefestigt, mitunter rutschig, voller Schlaglöcher und einsam dazu. Das ändert sich erst an der Bláa lónid, der Blauen Lagune, die eigentlich türkisfarben ist, dem Bad über der siedendheißen Erdspalte bei Grindavík.

Tolkien war nie auf Island, der Insel der Edda-Dichtung, die ihn ein Leben lang gefesselt hat. So tragen viele Zwerge des Ring-Epos Namen aus der Sage, wie überhaupt das gesamte Werk Tolkiens auf isländischen Sagen beruht. Statt die Insel selbst zu besuchen, musste er sich mit den Schilderungen seiner isländischen Hausmädchen begnügen, die ihm die Geschichten der Elfen erzählten. Als Professor für altenglische Sprachen wollte er 1925 das Altnordische oder Isländische in Oxford in den Lehrplan aufnehmen, erntete aber nur Unverständnis und Widerstand, selbst von seinem späteren Freund, dem Schriftsteller C. S. Lewis, der sich aber Tolkiens Club anschließt, den „Coalbiters“ oder „Kolbítar“, wie der isländische Name für diejenigen lautet, die sich im Winter so nah ans Feuer drängen, dass sie Kohlen schlucken. Als Experte für das Altnordische traf sich Tolkien mit anderen Dozenten an langen Abenden, um isländische Sagen gemeinsam im Urtext lesen zu können. „Er wäre gern E. V. Gordons Beispiel gefolgt und hätte Island besucht“, schreibt sein Biograf Humphrey Carpenter.

Ewige Schlacht zwischen Gut und Böse

Stärker als jede Wirklichkeit schlug ihn die Sprache in ihren Bann, die Poesie und Mythenwelt des Nordens. Mit Lewis sprach er oft bis tief in die Nacht über die Götter und Riesen von Asgard, dem Sitz der nordischen Götter, der Asen. Darunter liegt Midgard, die mittlere Welt, in der Menschen, Dunkelalben und Riesen leben, ein Ort der ewigen Schlacht zwischen Gut und Böse – Mittelerde eben.

In Hafnarfjördur gibt es einen Elfenhain, grünbewachsene Lavasteine, taunasse Grashöhlen, mit Farn und Moos verdeckt. In diesem Hellisgerdi Park stehen ein paar Birken, einen Wald aber wie im Elbenreich Lothlórien oder in Neuseeland findet man hier nicht. Ein Baum auf Island, der Vulkaninsel im Polarmeer, gleicht einem Wunder, ist etwas Mythisches wie die Lebensesche Yggdrasíl in der älteren Edda.

Durch den winzigen Hain im Hellisgerdi Park führt die hellsichtigste Frau der Insel, Erla Stefánsdóttir, einmal im Jahr Einheimische und Touristen: in der Mittsommernacht. Die Klavierlehrerin erkennt seit ihrer Kindheit siebzehn verschiedene Arten von Elfen, Gnomen und Trollen, mehr, als in den Sagen vorkommen. In den Sommermonaten bietet das Tourismusamt von Hafnarfjördur Elfentouren an. Im hellblauen Holzhaus am Hafen stehen Elfenbücher, Puppen, Karten und ein orangefarbenes Warnschild: „Watch out for the Elves." Selbst Elfenmenüs kocht ein Restaurant am Hafen. Jón Halldór Jónasson hat die kleine Nachbarstadt von Reykjavík so gut wie möglich vermarktet. Er selbst habe noch keine Elfe gesehen, gibt er zu und bietet stattdessen einen Kaffee an, stark und schwarz, wie ihn die Isländer trinken: „Nach fünf Kannen sieht hier jeder Elfen", sagt er und lacht. Vierundfünfzig Prozent der Isländer glauben an Elfen, neunzig Prozent halten ihre Existenz zumindest für möglich. „Es ist sehr wichtig, dass die Menschen im Einklang mit der Natur und ihren Wesen leben, sichtbar oder unsichtbar", sagt Erla Stefánsdóttir.

Die Schule der Elfen

Wegen eines Elfensteins sei die Straße von Reykjavík nach Mosfellsbaer um mehrere Meter versetzt worden, sagt Magnús Skarphédinsson. Der Historiker leitet die Elfenschule, die „Álfaskólin" in Reykjavík, die einzige weltweit. Mehr als sechshundert Berichte hat er gesammelt. Eine Elfe ist indes auch ihm noch nicht begegnet. Skarphédinsson ist ein Skeptiker, der gern ein Sehender wäre. Zwei Stunden lang hält er seinen Elfenschülern einen Vortrag, fährt dann die mythischen Plätze der Stadt ab, von Steinhügel zu Steinhügel. Am Ende gibt es für Gläubige und Ungläubige Kaffee und Kuchen, mitten im Industriegebiet in einem alten Bürohochhaus. Eine Etage hat er in eine Elfenbibliothek umgewandelt, einen Hort kitschiger Figuren mit Elfen in Öl, aus Porzellan oder Stoff, Mangapuppen, Gartenzwergen jedweder Sorte und sonstigen Lichtgestalten. Am Empfang sitzt eine Dame und begrüßt ihre Landsleute, die hierherkommen, um zu lesen oder etwas nachzuschlagen. „Wir Isländer haben die Elfen für viele Dinge benutzt", sagt der Schriftsteller Gudbergur Bergson, „um unsere geistige Krankheit zu verbergen, um uns mehr sexuelle Freiheit zu geben, um hinter die verborgenen Dinge zu schauen. Elfen waren für vieles gut."

Erla Stefánsdóttir hat für ganz Island inzwischen eine „Karte der verborgenen Welt" erstellt. Im Nordwesten Islands, am Snaefellsjökull, laufen, so sagt sie, die Lebenslinien der Erde entlang, von den Pyramiden bis zum versunkenen Atlantis. Am Gletscher steht das gepflegte Gästehaus Brekkubaer mit Meerblick. Hier lebt Gudrun Bergmann, eine schöne Frau mit heller Haut, hochgestecktem Haar und wachem Interesse für Wikinger, Elfen und die Edda-Sage. Auf Wunsch führt sie Gäste durch einen Elfenhain, ein Lavafeld. Vor dem Haus steht ein hölzernes, weißes Stonehenge. Ihrem Mann und ihr gehörte eine esoterische Buchhandlung in Reykjavík, bevor sie ganz zum Snaefellsjökull zogen. Der Snaefellsgletscher, die Vorlage für Jules Vernes Reise zum Mittelpunkt der Erde, ist bei guter Sicht von Reykjavík aus zu sehen, ein mythischer Berg mit weißer Kuppe, ein hochaktiver Vulkan. Die Bergmanns, die ihre Farm direkt an seinem Fuß haben, können – wie viele Isländer – jederzeit von einem Ausbruch überrascht werden. Wer einen Vorgeschmack darauf bekommen will, kann im Red-Rock-Kino von Reykjavík jeden Tag die „Volcano Show“ von Filmemacher Villi Knudsen anschauen, die alle Vulkanausbrüche auf Island seit 1947 zeigt. Hier lässt sich die Eruption der Schicksalsberge bequem im Klappsitz verfolgen.

Und am Ende das große Gefecht

Der Ausbruch des Gletschervulkans Katla vor mehr als tausend Jahren hat möglicherweise die Dichter der „Völuspá“, des berühmten Eröffnungsgedichts der Edda, zur Idee des Weltenbrands inspiriert, der Götterdämmerung, altnordisch „Ragnarök“. Dort heißt es: „Schwarz wird die Sonne, die Erde sinkt ins Meer, vom Himmel fallen die heiteren Sterne, Glutwirbel umwühlen den allnährenden Weltenbaum, die heiße Lohe beleckt den Himmel.“ Nicht anders beschreibt Tolkien das große Gefecht am Ende seines Epos, Saurons letzte Schlacht.

Auf Island gibt es kein Wellywood, keine Rundbauwohnung von Beutelsend, keine Hobbitfüße, Riddermark-Schwerter oder Orkgebisse, aber eine ebenso poetische Kulisse: Im Südosten liegen Grasdachhöfe wie in Skògar, das Auenland von Island, gelbgrüne Wiesen, Elfenhaine, Nebelgebirge und Eiswüsten, Wasserfälle, Kraterseen, Lupinenfelder auf schwarzer Asche und die bunten Berge von Landmannalaugur. Die Islandpferde heißen vielleicht nicht Schattenfell oder Rochallor, aber nichts erinnert mehr an die Riddermark und an Rohan als Islands Süden mit seinen Höfen, Flüssen, Wiesen, Weiden, schneebedeckten Gipfeln und dem Meer. Hier ist Tolkiens Welt, hier liegt Mittelerde und nicht am anderen Ende des Erdballs.

Gerald Martin

Das Island-Tief: ein ständiger Begleiter der Wettervorhersage

Immer wieder sprechen wir vom „Klima", vom Hin und Her eines zwar Kräfte zehrenden, aber auch Kräfte schaffenden ewigen Wechsels. In der Tat gibt es kaum ein anderes Gebiet auf unserer Erde, wo die Bewohner so tiefgreifend von den „Launen des Wetters" abhängig sind wie auf dieser Insel. Dafür gibt es zwei Ursachen: Einerseits sind es zwei dynamische, miteinander konkurrierende Meeresströmungen, nämlich der von Norden her unmittelbar auf Island gerichtete kalte Ostgrönlandstrom sowie der von Süden kommende warme Golfstrom. Da es dem Golfstrom meist gelingt, sich im Seegebiet von Island gegen das oft Treibeis führende kalte Wasser durchzusetzen, wurden für Islands Klima nur in extremen Kaltzeiten arktische Verhältnisse beherrschend. Zum andern beeinflussen auch die sich ständig weit westlich von Island, vor allem über Labrador und Neufundland entwickelnden und oft in rascher Folge gen Osten wandernden Sturmtiefs das isländische Wetter erheblich – auch sie verdanken ihre Entstehung dem Gegeneinander warmer südlicher und kalter nördlicher Wassermassen.

Auf jeden Fall garantiert der Golfstrom der Insel, die wegen ihrer nördlichen Lage sonst erheblich kälteres Klima hätte, ausgeglichene Temperaturen mit relativ kühlen Sommern und „warmen" Wintern. Das ist aber nicht immer so; in manchen Jahren zieht die „Weiße Flotte" – das von Grönland her ziehende Treibeis – still und unwiderstehlich heran und blockiert gelegentlich die Häfen an der Nordwest- und Nordküste. In früheren Zeiten kam es durch Ausfall von Fischfang und Heuernte fast regelmäßig zu Viehsterben und Hungersnot. Im Mittelalter gehörten solche Zeiten zu den schrecklichsten, die die Bewohner durchzumachen hatten. Für das fromme Mittelalter hatte hier der Höllenschlund Hekla sein eisiges Gegenstück: Damit die sündigen Seelen sich dort nicht allzu sehr an die Glut gewöhnten, wurden sie auf dem Treibeis abgekühlt. Das Geräusch der aneinanderstoßenden Schollen war für die Bußprediger im fernen Europa nichts anderes als das Heulen der Geplagten! Wie Schutzbach berichtet, dürfte in der Zeit zwischen 1550 und Ende des 19. Jahrhunderts das härteste Klima auf Island seit etwa 8000 Jahren geherrscht haben, sozusagen eine „Kleine Eiszeit". Im 20. Jahrhundert wurde es wieder wärmer, bis in den 1960er-Jahren ein neuer, wenn auch kein bedrohlicher Umschwung einsetzte.

Der Weg der von Westen heranstürmenden Zyklonen ist von entscheidendem Einfluss darauf, wie sich das Wetter in Nord- und in Südisland gestaltet. Von ihm hängt es ab, ob im Norden die Sonne scheint, es im Süden aber regnet oder schneit, oder umgekehrt. Auffällig ist dabei, dass Nordisland erheblich weniger Niederschläge abbekommt als der Süden, wo auf den Scheiteln der großen Gletscherkuppen mehr als 4000 mm, ja bis zu 8000 mm Schnee und Regen niedergehen können, was natürlich wesentlich zur Ernährung dieser monumentalen Eispolster beiträgt.

Sarah Kirsch

Islandhoch

Selbstverständlich. Wir nehmen die Wasserhosen auch mit. Luftfeuchtigkeit 200 Perzent. Erst zankten sich der Meister und Margarita über die richtige Ausfahrt und dass man sich vielleicht ne vernünftige Karte leisten sollte, dann waren wir bestens unterwegs und gelangten über Heiden, Geröll und Steinwüsten im Regen ins Haukadalur, wo die Geysire sprangen. Ein weites dampfendes Feld. Gab Hüpfer in allen Größen, allerliebste Babygeysire, einfach in jeder Farbe und mit divergierendem Schwefelgestank. Sprangen in ihren Töppen wie es Bunsen erklärt hat. Heutzutage will der Große Geysir sich nicht mehr erheben, auch ist es nimmer opportun, ihn mit Schmierseife zu zwingen. Der zweitgrößte aber, der Strokkur, tat seine Pflicht. Besitzt einen leuchtenden smaragdenen Kern und macht den Zirkus oft dreimal hintereinander. Bevor die kleinen Geister dort stiegen, wallten sie ein bisschen herum, und wenn sie ganz kribbelig waren, legten sie los. Es regnete ununterbrochen, aber wir hatten die Wasserhosen an und unsere Wunderjacken aus Irland, was sollte da noch geschehn. Zwischen den Wasserbäumen breitete der blühende Thymian sich aus, zufrieden über so warme Füße. Auch die Ranunkeln standen dort gern, nur der Löwenzahn hatte beleidigt die Blütenblätter verknotet, wollte die Sonne sehn. Die Menschen kämpften mit ihren Schirmen im Wind, hetzten vor explodierenden Wassersäulen zurück. Unzählige Fotoapparate waren im Anschlag auf den unzuverlässigen Strokkur.

Wasserfall. Später am Gullfoss sind wir in ein Märchen eingeschleust worden. Die vielen stürzenden Fälle nebeneinander, die anscheinend verharrende närrische kochende Gischt. Das Wasser war süchtig abzustürzen. Ein geringes Zögern mitunter und ruhigere Stellen im Rüschengewand. Enorme Verschleierungen und plötzliche Attacken auf den Fleck zu, wo die Betrachterin stand. Feucht in ein Coffeehouse schließlich. Dort saß auf dem Klo bei offener Tür ein klatschnasser Mensch, sein Rad draußen an die Mauer gelehnt, sich etwas zu trocknen erwärmen und las und las sehr versunken „Das wiedergefundene Paradies“ von Laxness aus dem Steidl Verlag. Das fand ich ermutigend wie Menschenschlangen vor Buchläden oder Museen.

Zeitsprung. Durch die Schlucht im Thingvellir, der Kontinentalverschiebungsplatte, bewegten wir uns von der eurasischen auf die amerikanische Platte zurück. An Straßenarbeitern vorüber, die Abbrüche und Trampelpfade in Ordnung brachten. Hier befand ich mich vor drei Jahren in einem Schneesturm. Jetzt lag der Thingvalla-See schwarz vor unseren Füßen und die Kätzchen der zwergwüchsigen Lapplandweiden lockten kleine Hummeln an. Die kippelnden Schreie der Austernfischer nahmen kein Ende, der Gletschermohn schüttelte seine Köpfe und die Grabkreuze auf dem Friedhof sehen dunkelgelb in meiner Erinnerung aus. Wir betraten die kleine Kirche, die jenseits der alten Thingstätte steht, und ich kletterte mit Max auf den Glockenturm. Konnte von der Empore den blau gestrichenen Himmel anfassen und einen Stern. Es war schön dort in dem berühmten Motiv aus isländischen Reiseführern. „Ach wären wir doch eingeschlossen!“, sagte ich, „ich hätte Sturm läuten können zu unserer Rettung.“ Dann ließ sich die Tür wirklich nicht öffnen, ich läutete, die Kirchentür wurde aufgesprengt von einem Bischof im Jahr 1862 an einem Feiertag. Das war mit der Einladung zu einem Murta-Essen verbunden, jenen besonderen Fischen aus dem See.

Das Unterwegsgepäck. Heute verlassen wir das wunderbare Hotel und ziehn eine Halbinsel weiter. Wir müssen den Volvo neu packen, damit wir unterwegs alles finden, den Spirituskocher, Töpfe, Plastikgeschirr, sogar Klappstühle führen wir mit. Ich bin ungeduldig, der Natur in die Arme fliegen, während die anderen noch Zeitungen und Lachse kaufen. Könnte mir ja sagen: nix läuft weg und es wird auch nicht dunkel! Am Ende der Reise sind wir noch einmal in diesem Hotel, wo der Fischereiminister Stammgast ist. Dann besuchen wir Laxness. Sind gestern an seinem Quader vorbeigekommen. Der weiße Würfel im schwarzen Geröll. Sieht von außen winzig aus. Innen sitzt „Sein eigener Herr“. Der ALLES langsam vergisst.

Kleiner Ort. Wir gelangten durch ein Hochland zu rußschwarzen Steilwänden hin, Wolken zogen über die Kämme. Zu unseren Füßen wuchsen Moltebeeren, Wollgras, Frauenmantel und immer wieder das Fettkraut. Der Meister und Max fotografierten, Margarita saß im Auto und rauchte. Ich warf eine Kassette von Bubbi ein, als wir fuhren. Schlittschuhlaufen mit schönen Mädchen auf dem Stadtsee, über den Ort, wo Schiffe gestrandet sind, oder dass man einem Wiedergänger begegnet, erklärte Max. Kamen wir in Richtung Borgarnes flott voran. Schauten den kleinen Ort an mit seinen gehätschelten Gärtchen, den langhaarigen Katzen, die anscheinend einen guten Draht zur Fischfabrik hatten. Stießen auf einen hinreißenden Spielplatz. Riesige Lastwagenfedern trugen Reittiere, deren Köpfe aus gebleichten angeschwemmten Baumwurzeln waren, gigantische Automobile bewegten sich auf Rädern von Kabelrollen vorwärts und rückwärts. Und erst die Schiffe in ihrer Mannigfaltigkeit! Vom Einbaum bis zum Trawler ließen die sich entern beim Klang von Aeolsharfen. Was Schönes wie von Tinguely für die Umschattigen Kinder.

Gallium boreale. Wir erreichten einen geheimnisvollen Wasserfall, den Hraunfossar. Sein Fluss robbt sich unterirdisch durch Lavafelder, um sich darnach tausendfältig gekämmt öffentlich in die Tiefe zu stürzen. Ach sieht das umwerfend aus! Wassernetze, Fälle, Fällchen und Fällfällchen. Wir kletterten rauf und runter im schönen Licht, die Moltebeeren erblühten, wieder Pinguicula, fette Hennen, Silberwurz, stengelloses Leinkraut, Flechten und Moose. Und eine reichliche Menge Gallium boreale duftete betäubend. Solch Wasserfall aus dem Nichts gehört zu dem Wunderbarsten, was ich gesehen hab. Besonders wenn zwei Gletscher den Hintergrund geben.

Trollbrot. Vom Kinderwasserfall aus, von dessen natürlicher Brücke eines Bauern Kinder vor Zeiten gestürzt und ertrunken sind, bewegten wir uns fröstelnd durchs Kaldidalur, das menschenleere Ödland, auf früheren Reiterpfaden nach Westen. Es galt, einen zerfallenen Pass zu überqueren mittels einer Straße, die auf unserer Karte gestrichelt erschien. Je kürzer und dünner die Striche, desto grauenhafter der Weg. Ein BMW aus Hannover kam uns im Schritttempo entgegen und wir fragten den völlig euphorisierten Fahrer nach dem Zustand der oberen Straße. Er war high, weil er sich und seine kleinen Kinder nicht umgebracht hatte: man könne es schaffen. Auf dem Pass hielten wir, sahen einen alten Schildvulkan vor uns im Nebel. Es ging dann endlos den Fluss entlang, über eine Brücke, wieder aufwärts und über noch einen höheren schwindlichteren Pass. Danach sah der Boden aus, als hätten ihn Heere von Riesenmaulwürfen durchpflügt. Trollbrote lagen verstreut, vom Frost scheibenförmig zersprengte Steine. Der Wind heulte, die Wolken hingen in furchtbare Schluchten. Über weitere klapprige Brückchen, sehr schmächtige Stege sind wir ins Haukadalur gelangt, wo wir eine Farm fanden und zwei Zimmer im alten Haus. Wir trinken Tee mit Rum.

Trolleier im Grünen. Wir rollten stundenlang durch verschiedene Landschaften. Mitunter am Fjord entlang, dann in schwarzen Schlackenwüsten, oder über grüngoldbemooste Lava. An den zugänglichen Stellen waren Bauern mit der Grasernte befasst. Einige hatten schon ihre großen weißen Pakete fertig, gehäckseltes in Plastikbahnen verschweißtes Silagegras. Zuerst waren wir von den weißen Gebilden irritiert, da wir diese Art der Futtergewinnung im eigenen Landstrich nicht kannten. Handelte es sich um Schwäne, um Eisbären gar? Dann sahen wir die Maschinen, die das Gras mit Plastikbahnen umgaben. Wie ein Knäuel Stopftwist gewickelt sahen die Trolleier dann aus. Und ich frag mich, ob das ne Veränderung der Landschaftsmalerei zur Folge hat. Konnte mir hübsche Gletscherbilder vorstellen, an deren grünem Bildrand diese weißen Gelege vorkamen. Herrliche grauenhafte Betonscheunen und verbeulte Wellblechschuppen lagen im zaubrischen reinen Licht, dass sowieso alles sehr künstlich und wie von Hoppers ländlichem Bruder gemalt aussah. Ich war so begeistert von dem, was die Augen einfahren konnten, dass ich stundenlang mein Maul hielt und mit der Seele Handstand gemacht hab.

Rote Pilgermuscheln. Über steile Berge auf Straßen, die aus autogefegter Lava bestanden, schlängelten wir uns an der Lagune Larvathall entlang und hatten schließlich den imposanten Kirgjufell vor der Nase, der uns aus Büchern bekannt war. Ein Berg wie der Kiel eines umgekippten riesigen Schiffs. Oder ne Felskirche eben. In Grundarfjördur kauften wir kurz vor Ladenschluss einen Fisch, ein paar verschrumpelte Wurzeln, Brühwürfel und Rosinen, tranken im Asakaffi einen Tiefschwarzen. Den nächsten Gastgeber fanden wir nebst seinen Liegenschaften, auch mit einem Schock Trolleier bestückt, ganz in der Nähe des Hofs Kverná. Die Hütte war klein, dafür befand sie sich in erhabener Landschaft mit einem Hausgletscher, mannigfaltigen hüpfenden Bächen. Auf der Hauswiese grasten zwanzig Pferde. Wir gingen am Strand entlang, wo rote Pilgermuscheln haufenweis lagen, und die Küstenseeschwalben flogen Attacken auf den bärtigen Meister.

Der Himmel wurde immer klarer und kurz vor Mitternacht ging die Sonne für zwanzig Minuten unter, einen Daumensprung weiter war sie wieder vorhanden in herrlichen rostroten Tüchern und auf türkisenen Stufen wie in T. im Sommer um 21 Uhr. Das war ein umwerfender Filmur und die letzten Fischerboote erreichten gerade den Hafen.

Quellennachweis

Hans Joachim Kürtz
Wie kam der Regenwurm nach Surtsey oder: Merk-würdiges aus dem Island-Zettelkasten, Originalbeitrag

Rolf Hädrich
Island – nur eine Erfindung von Halldór Laxness?, aus: Helfried Weyer, Matthias Johannessen: Ultima Thule: Island – Feuerinsel am Polarkreis, Freiburg i. Br. 1991. Mit freundlicher Genehmigung der Witwe

Henryk M. Broder
Ein Hoch auf Island, aus: MERIAN Island 6/2005, Merian/Jahreszeiten Verlag

Hans Joachim Kürtz
Ein wundersamer Planet namens Island, Originalbeitrag

Der Königsspiegel – Konungsskuggsja: Die Stätte der Pein, aus: Der Königsspiegel, Leipzig und Weimar 1978

Hans Joachim Kürtz
Wikinger – die ersten Isländer, Originalbeitrag

Samivel
Island. Kleinod im Nordmeer, aus: Ders., Island. Kleinod im Meer, französische Ausgabe: „L'Or de l'Islande" (éditions Arthaud 1963), réédité dans „L'Or des Temps" (éditions Arthaud, 1988). Mit freundlicher Genehmigung von der „Association Les Amis de Samivel", Champier

Isländer-Sagas: Das Ende des weisen Njal, aus Isländer-Sagas. Zweiter Band, Wiesbaden o. J.

Elmar Engel
Kleine Wikingergötter-Kunde, aus: Ders./Karli Tiller/Jörg Trobitzsch, Island, Grönland, Färöer: Abenteuer-Almanach, Frankfurt a. M. 1979

Jón Trausti
Islands inneres Hochland, aus: Rheinischer Hausfreund, Nr. 12, 1909

Gerald Martin
Der Golfstrom macht es möglich: die grüne Insel, aus: Ders./Max Schmid, Island, Hamburg 1995

Halldór Laxness
Eine Geschichte vom Hering, aus: Ders., Erzählungen, Werkausgabe Bd. 4, herausgegeben von Hubert Seelow © Steidl Verlag, Göttingen 2002; isländischer Originaltitel der Sammelausgabe: Thaettir, 1954 aus dem Isländischen von Hubert Seelow

Halldór Laxness
Hufbeschlag am Gletscher, aus: Ders., Am Gletscher, Werkausgabe Bd. 2, herausgegeben von Hubert Seelow © Steidl Verlag, Göttingen 2002; isländischer Originaltitel: Kristnihald undir Jökli, 1969 aus dem Isländischen von Bruno Kress

Jules Verne
Der Einstieg zum Mittelpunkt der Erde, aus: Ders., Reise zum Mittelpunkt der Erde, Gütersloh 1959

Lawrence Millman
Videonacht am Polarkreis, aus: Saga-Land: Eine Reise in den Norden, München/Leipzig 1991. Mit freundlicher Genehmigung des Autors

Charles Fergus
Die Pforten der Hölle, aus: Ders., Ein Sommer auf Island © 2003 Piper Verlag GmbH, München

Elmar Engel
Pompeji im Nordmeer, aus: Ders./Karli Tiller/Jörg Trobitzsch, Island, Grönland, Färöer: Abenteuer-Almanach, Frankfurt a. M. 1979

Hans Joachim Kürtz
Der Archipel des Trollweibs, Originalbeitrag

Viola Keeve
Island. Die wahre Kulisse des „Herrn der Ringe“, aus: Frankfurter Allgemeine Zeitung vom 15.1.2004 © Alle Rechte vorbehalten. Frankfurter Allgemeine Zeitung GmbH, Frankfurt. Zur Verfügung gestellt vom Frankfurter Allgemeine Archiv

Gerald Martin
Das Island-Tief: ein ständiger Begleiter der Wettervorhersage, aus: Ders./Max Schmid, Island, Hamburg 1995

Sarah Kirsch
Islandhoch. Tagebruchstücke, aus: Dies., Tagebruchstücke, © Steidl Verlag, Göttingen 2002

Trotz aller Bemühungen ist es uns nicht gelungen, für einige Texte die Urheberrechtsverwalter zu ermitteln. Wir bitten diese, sich gegebenenfalls mit uns in Verbindung zu setzen.

Herausgeber und Autoren

Kürtz, Hans Joachim
Jahrgang 1933, TV-Journalist, Sachbuchautor, Lektor für die nordatlantischen Regionen auf Kreuzfahrtschiffen; lebt in Kiel; als langjähriger Skandinavien-Korrespondent des ZDF seit 1969 häufige Aufenthalte auf Island, Autor mehrerer Fernsehdokumentationen und zweier Bücher über die Insel; Bild- und Textautor mehrerer Bücher im Ellert & Richter Verlag.

Broder, Henryk M.
Geboren 1946 in Kattowitz, Studium Jura und Volkswirtschaft; Publizist u. a. für *Spiegel*, *Zeit*, *Weltwoche* und *Merian*; Autor zahlreicher Bücher, zuletzt des Bestsellers „Hurra, wir kapitulieren"; 2005 Schubart-Literaturpreis der Stadt Aalen.

Engel, Elmar
Geboren 1933, mittlerweile verstorben, Autor zahlreicher Bücher über Indianer und mehrerer Reiseführer für die arktischen und subarktischen Regionen; Herausgeber der „Abenteuer-Almanach"-Reihe; lebte viele Jahre im kanadischen Labrador.

Fergus, Charles
Geboren in Pennsylvania/USA, zahlreiche Veröffentlichungen zu den Themen Naturgeschichte, Naturschutz und seltene Tiere, die in den USA einen großen Leserkreis fanden; bereiste mehrfach Island und lebte dort ein Jahr lang in einem einsam gelegenen Bauernhaus an der rauen Westküste.

Hädrich, Rolf
1931–2000, Studium der Theaterwissenschaften und Geschichte in Jena, Berlin und Hamburg; Regisseur bei Hörfunk, TV, Film und Bühne, Leitungsaufgaben im Bereich Fernsehspiel beim Hessischen Rundfunk und NDR; Essayist und Lyrik-Autor, zahlreiche Ehrenpreise und Auszeichnungen, langjährige Verbindung zu Halldór Laxness.

Keeve, Viola
Journalistin und Redakteurin für Lifestyle beim *Stern*; Mitarbeit als freie Autorin bei der *Frankfurter Allgemeinen Zeitung*, *Zeit* und *Welt am Sonntag*.

Kirsch, Sarah
Geboren 1935, Dipl.-Biologin und Lyrikerin; ausgezeichnet mit circa 20 Ehrenpreisen, u. a. dem Österreichischen Staatspreis für europäische Literatur, dem Deutschen Kritikerpreis und dem Georg-Büchner-Preis der Deutschen Akademie für Sprache und Dichtung; Ehrenprofessur des Landes Schleswig-Holstein, wo sie seit 1983 lebt.

Laxness, Halldór
1902–1998, Islands bedeutendster Schriftsteller; erhielt 1955 den Literatur-Nobelpreis; zu seinen in alle Weltsprachen übersetzten Romanen gehören u. a. „Atomstation", „Der große Weber von Kaschmir", „Die Islandglocke" und „Am Gletscher".

Martin, Gerald
1913–2002, Studium der Geologie, Mineralogie, Zoologie und Botanik; langjähriger Redakteur der „Island-Berichte"; Autor mehrerer Island-Bücher.

Millman, Lawrence
Geboren 1948, amerikanischer Reiseschriftsteller; trotz eines Doktortitels in Literaturwissenschaften, hat Millman sich stets eher von der Wirklichkeit angezogen gefühlt; für seine insgesamt elf Reisebücher erkundete er ebenso die Arktis wie die Südsee; Mitglied im „Explorers Club", erhielt zahlreiche Auszeichnungen für seine journalistischen Beiträge in Reisemagazinen.

Samivel
1907–1992, französischer Schriftsteller, Zeichner, Expeditionsreisender und Dokumentarfilmer; bürgerlicher Name: Paul Gayet-Tancrède.

Trausti, Jón
1873–1918, isländischer Schriftsteller: zahlreiche Romane, Kurzgeschichten, Gedichte und Theatertexte; galt zu Beginn des 20. Jahrhunderts als Islands bedeutendster Prosaautor; in deutscher Übersetzung gibt es nur seinen Roman „Skaftafeuer".

Verne, Jules
1828–1905, französischer Schriftsteller; einer der „Erfinder" der Literaturgattung „Science-Fiction"; war zu seinen Lebzeiten der am meisten gelesene Autor der Welt mit Übersetzungen seiner Romane in 143 Sprachen; fast alle seiner Werke wurden zu Welterfolgen.

Unbekannte Autoren
Der aus dem 13. Jahrhundert stammende **Königsspiegel** (Konungsskuggsja) entstand als ein Erziehungs- und Bildungsbuch für die Gefolgschaft am Hofe des norwegischen Königs Hakon Hakonarson (1217–1263); der Verfasser wird nicht namentlich genannt.

Der Verfasser der **Njal-Saga**, die zu den umfangreichsten und meistgelesenen altisländischen Sagas gehört, ist nicht bekannt.

Andalusien

Australien

Berlin

Bretagne

China

Golf von Neapel

Golfstaaten

Grönland

Irland

Island

Mexiko

Norwegen

Paris

Südsee

Reiselesebücher im Ellert & Richter Verlag

Jedes Reiselesebuch hat etwa 160 Seiten, ist mit bestem Papier und als Hardcover mit Schutzumschlag ausgestattet, verfügt über ein handliches Format und kostet Euro 12,95 [D] / Euro 13,40 [A] / sFr 23,60

Die Ellert & Richter Reiselesebücher sind unentbehrliche Begleiter für jeden Reisenden. Sie liefern Hintergrundinformationen und geben eine facettenreiche Darstellung von Land und Leuten, die den Zusammenhang zwischen den Monumenten der Vergangenheit, dem Leben der Menschen und dem, was der Reisende sehen und erleben kann, durchschaubar macht. Jeder Besucher entdeckt das Land auf seine Weise, findet seine Orte, Landschaften und Begegnungen. Diese Buchreihe will Anregungen geben und dazu verführen, die Kulturräume kennenzulernen.

Grönland –
Ein Reiselesebuch
Freddy Langer (Hrsg.)

Hardcover mit
Schutzumschlag
160 Seiten
Format 10,5 x 21 cm
ISBN 978-3-8319-0308-5

Auf der Landkarte ist Grönland ein riesiger weißer Fleck. Dieses Buch will versuchen, etwas Farbe in diese Welt zu tupfen. Es beleuchtet die Kultur der Inuit, sucht nach Spuren der Wikinger und widmet sich selbstredend den Forschern und Abenteurern, die seit Fridtjof Nansens erster Durchquerung des Inlandeises hier ihren Spielplatz gefunden haben. Leicht verständlichen Fachaufsätzen werden Märchen aus der fantastischen Welt der Ureinwohner gegenübergestellt. Auszügen früher Expeditionstagebücher folgen literarische Bearbeitungen der einzigartigen Erfahrungen in der Kälte. Zugleich beleuchten zahlreiche Texte aus unserer Zeit den Alltag der Einwohner. Dass am Schnittpunkt von traditioneller Jägerkultur und Moderne Probleme nicht ausbleiben, soll dabei keineswegs verschwiegen werden.

Norwegen –
Ein Reiselesebuch
Anja Carstanjen Schroth
(Hrsg.)

Hardcover mit
Schutzumschlag
156 Seiten
Format 10,5 x 21 cm
ISBN 978-3-8319-0306-1

Wollen Sie die Vielfalt Norwegens, aber auch Eigenarten und Traditionen seiner Bewohner kennenlernen, dann folgen Sie den Spuren der Wikinger und den Reiseberichten eines Engländers aus dem Jahr 1838, genießen Sie die erhabene Landschaft der Fjorde und das einmalige Erlebnis einer Fahrt an die Packeisgrenze Spitzbergens. Entdecken Sie die urtümlichen Stabkirchen und das Leben der norwegischen Fischer, das historische Oslo und die alte Bauernkultur in der Telemark. Ein Essay über Edvard Munch und Auszüge aus Ketil Björnstads „Oda" führen ein in die Welt der norwegischen Kunst und Literatur. Lassen Sie sich verzaubern von den „ewig singenden Wäldern" und von einem ruhigen, bescheidenen Volk, das die Zeit noch zu schätzen weiß.

Impressum

Bibliografische Information der Deutschen Bibliothek
Die Deutsche Bibliothek verzeichnet diese Publikation in der Deutschen Nationalbibliografie; detaillierte bibliografische Daten sind im Internet über http://dnb.ddb.de abrufbar.

ISBN 978-3-8319-0355-9

Textauswahl:
Hans Joachim Kürtz, Kiel
Redaktion: Beatrix Sommer, Hamburg
Gestaltung:
Büro Brückner + Partner, Bremen
Gesamtherstellung:
Offizin Andersen Nexö Leipzig GmbH

Das Titelfoto zeigt den Wasserfall Gullfoss im Süden Islands. Die Rechte des Bildes liegen bei Toma Babovic, Bremen.